ELOGIO DA DÚVIDA

Título original:
Elogio de la Duda

© Victoria Camps Cervera, 2016

Publicado em Espanha por Arpa Editores.
Edição portuguesa negociada através de
Ilídio de Matos Agência Literária, Lisboa, Portugal
& Oh!Books Literary Agency, Barcelona, Espanha

Tradução: Jorge Melícias

Revisão: Rute Mota

Capa: Edições Almedina

Depósito Legal n.º ????

Biblioteca Nacional de Portugal – Catalogação na Publicação

CAMPS, Victoria, 1941-

Elogio da dúvida. - (Extra-coleção)
ISBN 978-972-44-2394-4

CDU 16

Paginação:
Aresta Criativa – Artes Gráficas

Impressão e acabamento:
?????

para
EDIÇÕES 70
janeiro de 2021

Direitos reservados para todos os países de língua portuguesa por

EDIÇÕES 70, uma chancela de Edições Almedina, S.A.
LEAP CENTER – Espaço Amoreiras
Rua D. João V, n.º 24, 1.03 – 1250-091 Lisboa – Portugal
e-mail: editoras@grupoalmedina.net

Esta obra está protegida pela lei. Não pode ser reproduzida,
no todo ou em parte, qualquer que seja o modo utilizado,
incluindo fotocópia e xerocópia, sem prévia autorização do Editor.
Qualquer transgressão à lei dos Direitos de Autor será passível
de procedimento judicial.

Victoria
Camps
ELOGIO DA DÚVIDA

Quando não temos a certeza, estamos vivos

GRAHAM GREENE

Acreditando saber, a ignorância desperta
Só para o louco tudo é verdade

AUSIÀS MARCH

Quem pensa, não quer ser persuadido,
mas convencido; e quem pensa
sistematicamente, é duplamente difícil
de convencer

VICTOR KLEMPERER

Grande parte das dificuldades
por que o mundo passa deve-se ao facto
de os ignorantes estarem completamente
seguros e os inteligentes cheios de dúvidas

BERTRAND RUSSELL

ÍNDICE

Prólogo   11

1. Apologia de Isménia   19
2. O asno de Buridan   35
3. Moderemo-nos   55
4. A procura da verdade.   73
5. Os dogmas da tribo   91
6. Deixar de pensar 107
7. Determinismos identitários 121
8. O gosto pelas nuances 137
9. A filosofia como ficção. 155
10. O declínio do ensaio 173

PRÓLOGO

Vivemos tempos de extremismos, antagonismos e confrontos. A todos os níveis e em todos os âmbitos, mas sobretudo no político. Uma atitude potenciada a seu bel-prazer pelos cenários mediáticos e que sobe de tom graças à facilidade com que as redes sociais oferecem a possibilidade de puxar o gatilho contra qualquer um cujo comportamento ou mera presença incomode. Cordura, sensatez, moderação, reflexão, são conceitos que se esgrimem de vez em quando e que apelam a uma forma de vivermos juntos mais tranquila do que a de guerrearmos constantemente por tudo e por nada, mas ser moderado não é atrativo e não serve para fazer manchetes. Num clima como este, a dúvida ante aquilo que intriga e causa estranheza, ao invés da fúria imediata, seria uma forma de agir mais saudável para todos. Esperar um pouco, pensar duas vezes, deixar passar alguns dias, antes de dar respostas exaltadas.

John Carlin aludiu a esta questão num dos seus artigos: «Estou contente por ter decidido tirar umas férias do Twitter no início do mês. Livrei-me de cair na tentação de exprimir a minha reação a três notícias: a do vereador madrileno do Podemos e da sua piadinha sobre os Judeus; a da verborreia do Nobel da Ciência inglês sobre as debilidades biológicas das mulheres; a da ativista norte-americana branca que se dizia negra.» («La turba tuitera», *El País*, 2014). Escusado será dizer que as notícias em questão perderam interesse com a mesma rapidez com que se haviam convertido no tema mais discutido durante uma série de dias. Verdadeiro interesse, nenhuma delas merecia, mas as redes sociais levantavam fumaça, e era preciso fazer eco das reações em toda a cadeia mediática mais ou menos séria.

Com estes elementos, é lógico que não consigamos fazer nada do que dizemos que devia ser feito: diálogo, boas maneiras, ouvir o outro, paciência e argumentação. Antepor a dúvida à reação visceral. É isso que tento defender neste livro: a atitude dubitativa, não como paralisia da ação, em que também se pode transformar, mas como exercício de reflexão, de ponderação dos prós e contras quando o sangue está à flor da pele. Um dos valores que o movimento dos indignados quis transmitir, há quatro anos, foi o do tom amável e nada ruidoso de algumas pessoas que se reuniam e manifestavam para reclamarem sobre quase tudo e mostrarem a sua aversão relativamente ao modo de proceder dos poderosos. Na Catalunha, os independentistas orgulham-se de uma reivindicação tão extrema como a da secessão se traduzir em manifestações de tom lúdico, onde todos riem e dão as mãos num gesto de cordialidade. A cordialidade é elogiada quando se torna patente, mas é a exceção, não a norma, e por isso surpreende. Disso dão fé as tertúlias televisivas, os tuítes, as campanhas eleitorais, as sessões dos parlamentos e as declarações mediáticas de uns e de outros. O jornalismo gosta de atiçar o conflito, porque uma informação que não produz confronto não chama a atenção. Os movimentos dos indignados, por princípio tranquilos, deram lugar a organizações e compromissos políticos que não fogem ao extremismo, de direita ou de esquerda. França, Reino Unido, Holanda, Dinamarca, países de referência pela sua ancestral abertura e tolerância, veem-se impotentes em face das adesões que suscitam os partidos racistas que têm vindo a aparecer na arena política. E, sem chegar a extremos racistas, há derivas populistas na Grécia, em Itália, em Espanha, nos Estados Unidos. O populismo acaba por ser a forma atual de cair na demagogia, o que para os Gregos antigos era sinal evidente da deterioração da democracia.

Creio que foi Bertrand Russell quem disse que a filosofia é sempre um exercício de ceticismo. Aprender a duvidar significa distanciar-se do que é dado e pôr em causa os lugares-comuns e os preconceitos, questionar o que nos é oferecido como inquestionável. Não para o rejeitar sem mais, pois essa é mais uma forma de confrontação. Mas para o examinar, o analisar, o ponderar e decidir o que fazer com isso. Deveria ser essa a atitude que acompanharia o uso da liberdade, pois, como disse melhor do que ninguém John Stuart Mill, não é livre aquele que se limita a engrossar a corrente maioritária, mas aquele que examina antes se se trata de uma corrente interessante. A tirania da maioria, segundo Alexis de Tocqueville, é um dos perigos da democracia, uma ameaça a essa liberdade individual que defendemos com tanta veemência face às «mordaças» que os poderes públicos procuram impor.

O pensamento é dicotómico: movemo-nos entre o bem e o mal, o legal e o ilegal, o belo e o feio, o próprio e o alheio. As dicotomias sem nuances são abstrações, formas grosseiras de classificar a realidade, inúteis e simplificadoras para examinar o complexo. É mais fácil posicionarmo-nos no sim ou no não, porque, para o fazermos, não precisamos de apresentar argumentos. Ou sou independentista ou sou unionista. De direita ou de esquerda. Aceito ou não aceito os refugiados. As nuances acarretam demasiado esforço. A dúvida inquieta e é desmancha-prazeres. É como a semente que cuspo ao morder uma maçã, um entrave a continuar a trincar com tranquilidade.

Nos escritos dos filósofos abundam as atitudes dubitativas e céticas. Montaigne é o grande mestre no tema, mas não é o único. Montaigne alimenta-se do ceticismo dos filósofos gregos. Vive num século de mudança, que propicia a dúvida porque a época é desconcertante. Por isso, não escreve grandes teorias, mas «ensaios», a sua visão particular de realidades que colidem com a nossa e, porque as considera ao invés de pura e simplesmente as rechaçar, têm sempre a virtude de nos ensinar algo. Realidades prosaicas, não é preciso que sejam transcendentes, para chamar a atenção a respeito de algo que importa. O século XVI ilumina esta forma de pensar. Em Espanha, Francisco Sánchez une-se ao movimento cético e disso dá conta na sua obra mais conhecida, *Quod nihil scitur*. Esse ponto de vista cético e dubitativo contribuirá para a gestação do individualismo moderno. Questiona-se, por um lado, a autoridade religiosa para dar valor ao juízo individual, o que tinha levado Lutero a separar-se da Igreja Católica. Descobre-se a América e aquilo que veio a chamar-se a «diversidade cultural». Paradoxalmente, a afirmação do indivíduo como a perspetiva a partir da qual se deve pensar e raciocinar nasce com a descoberta de um outro estranho, cujos costumes chocam e parecem irracionais. Montesquieu di-lo-á de uma forma clara com uma única pergunta: «Como é possível ser persa?»[1]

Aprender a duvidar é assumir a fragilidade e a contingência da condição humana que faz com que não sejamos autossuficientes. Por isso se inventou a democracia como a melhor forma de governo, porque obriga a contrastar opiniões e a escutar o outro. Mas a necessidade dos outros não deve impedir a afirmação da própria individualidade, a maturidade que consiste em ser autónomo e pensar por si mesmo e em não procurar, seja para que objetivo for, o amparo e a segurança que proporciona o grupo. A liberdade individual foi uma das grandes conquistas da modernidade. Saber utilizá-la de forma que não prejudique a vida em comum e atrever-se a utilizá-la para ir em contracorrente é a obrigação da ética. Uma ética que aspire a ser global tem de se apoiar na moderação como virtude básica, porque o saber é limitado e ninguém tem o exclusivo da razão.

Com a dúvida como norma, ocorre algo similar ao que ocorre com a tolerância. É correto tolerar o que não gostamos e nos incomoda, mas nem tudo é tolerável. É correto duvidar e calibrar as diferentes posições, mas até certo ponto. Não podemos duvidar de tudo nem começar do zero a cada momento. Existe um núcleo de «verdades» cuja colocação em causa significa renunciar às conquistas alcançadas pela humanidade ao longo dos séculos. Nem tudo foi mal feito e necessita de ser retificado. Por mais vazias que pareçam, as grandes palavras dão-nos modelos de conduta, forçam-nos a raciocinar e a explicar porque é

---

[1] MONTESQUIEU, *Cartas Persas*, Lisboa, Edições Tinta-da-china, 2015. Tradução de Isabel St. Aubyn. Prefácio de Nuno Júdice. [N. do T.]

16 | ELOGIO DA DÚVIDA

a realidade eticamente deficiente e não se encaixa nelas. Contra os dogmas e os preconceitos, há que esgrimir os valores cultivados que podem ser universais apenas porque são abstratos. Para os pôr em prática, há que os interpretar, o que envolve a introdução de uma dose de relativismo, outra forma de duvidar. Só os fundamentalismos esgrimem valores absolutos, irreconciliáveis com outros valores igualmente importantes. Camus disse-o muito claramente: «A justiça absoluta nega a liberdade.»

Poderá parecer que a atitude dubitativa que proponho tem como objetivo fundamental pôr em causa o entusiasmo com que alguns acolhem as propostas de transformação política, social e mesmo individual, sob os auspícios do altermundialismo, das novas políticas podemitas, das pulsões anarquizantes e dos movimentos antissistema. Penso que todas estas tendências, frequentemente desqualificadas como populistas, não são senão a consequência de termos chegado, na melhor das hipóteses, a um *status quo* medíocre no que a ambições de renovação diz respeito, e que é, no pior cenário, incongruente com esses princípios cultivados que as constituições políticas dos Estados de direito recolhem como válidos. Foi a precipitação, o deixarmo-nos arrastar pela prosperidade económica, a ausência de autocontrolo e de temperança aquilo que nos deixou diante de um mundo no qual não queremos reconhecer-nos. Esse mundo não surgiu da ponderação e da análise sobre o que devia ter sido feito para o bem de todos, mas da desmesura propiciada por mentes tolas e não reflexivas. Como Josep M. Colomer fez notar em *La transición a la democracia: el modelo español*, a nossa transição, que foi moderada e bastante exemplar, contrasta com uma realidade posterior em que predominaram a concentração de poder, o partidarismo, o corporativismo, o clientelismo, as imposições unilaterais e as decisões excludentes. Nem a moderação nem a prudência têm sido a norma das últimas décadas, mas tampouco parecem servir de guia às muitas regenerações que agora se propõem. Se à evolução da política, precipitada e pouco ponderada, imediatista e eleitoralista, acrescentarmos os hábitos, o *ethos*, que propiciam a economia de consumo, deparamo-nos com uma realidade em que o fator característico é a complacência com o *status quo*, o não questionamento de um modo de vida que não incita à ativação de nenhum mecanismo que se interrogue sobre o porquê do que fazemos.

Ao longo das páginas que se seguem, comentam-se e utilizam-se muitas citações filosóficas. Por deformação profissional, é-me difícil escrever sobre qualquer coisa sem lançar mão aos filósofos, os que mais estudei e ensinei. Além das rotinas do ofício, gostaria de ser capaz de dar conta da utilidade da filosofia para aprender a duvidar e, em última análise, para aprender a viver. Acabo de citar alguns filósofos que se propuseram esse exercício nos seus escritos. Junto aos já citados, Sócrates, Aristóteles, Descartes, Spinoza, Hume, Nietzsche, Wittgenstein e outros menos conhecidos, mas não menos dignos de atenção, salpicam e iluminam com o seu pensamento o que pretendo dizer ao longo deste livro. Deixar patente que a leitura dos clássicos, filósofos ou não filósofos, nunca será nem um aborrecimento nem uma perda de tempo. Ainda que a cultura em geral não seja uma garantia para viver melhor nem para ter planos de vida mais razoáveis, desprezá-la é não ter armas para enfrentar a brutalidade que todos trazemos dentro de nós. A filosofia, a literatura, a arte, a música, têm a característica de nos deixar perplexos, de semear o desconcerto onde tudo parecia claro, de estimular a curiosidade para o desconhecido, de dar valor às expressões alheias. Numa palavra, de introduzir complexidade numa existência que, por ser humana, não pode ser simples.

Não me teria decidido a dar forma a estas páginas para serem publicadas se não fosse pela determinação e pelo estímulo do meu ex-aluno e querido amigo, Joaquim Palau, que acaba de inaugurar uma editora. Não são momentos propícios para embarcar em empreitadas que colocam o rendimento cultural acima do crematístico e se atrevem a recuperar algo tão decadente como o «ensaio de qualidade». Os meus melhores desejos e o meu apoio, com este ensaio menor, a um projeto que só merece felicitações.

Sant Cugat del Vallès, fevereiro de 2016

1

APOLOGIA DE ISMÉNIA

Uma das figuras mais exaltadas pela filosofia e pela literatura é a de Antígona, o símbolo da desobediência civil, do antagonismo para com quem detém o poder e dita a lei. *Anti-gona*, contra o nascimento, é nome de rebelde, de quem não se conforma com o que é dado. Ao lado de Antígona está a sua irmã Isménia, uma personagem que tem passado despercebida, uma «Pobre medrosa» apenas, assim a chama Antígona quando Isménia lhe coloca as suas dúvidas. «Sou uma simples sombra», diz o retrato que dela faz Salvador Espriu: uma mulher submersa no tédio, no fastio e na rotina de um dia a dia sem horizontes. Antígona é a heroína que segue sem vacilar os impulsos do coração. Isménia está ciente da injustiça do seu tio, Creonte, que proíbe o enterro de Polinices, quer lidar com ela, mas entende que não é bom abordá-la com o ódio e a veemência de Antígona.

Reconheço que sempre senti simpatia pela personagem discreta e pouco brilhante que representa Isménia. Na tragédia são os sentimentos que falam, não há lugar para explicações nem para a argumentação que em breve instaurará a filosofia sob a proteção do pensamento abstrato. Um raciocínio destinado a mostrar que umas atitudes são melhores do que outras, que a verdade está em alguma parte e que deve ser reconhecida, pela via dos argumentos, das palavras, mais do que dos gestos. Dado que esse é o objetivo, a filosofia que impõe o seu discurso no pensamento ocidental não é a dos que se instalam na dúvida, como o cético Pirro, nem a dos que desconfiam da capacidade humana para alcançar a verdade e se movem na incerteza da *doxa*, como os sofistas. As teorias vencedoras, por assim dizer, são as de Platão e Aristóteles, essas formas de ver — *theorein* — que procuram materializar-se numa série de certezas. Começa o domínio do *logos*, razão e linguagem, isto é, um discurso que apresenta razões a favor de uma série de supostas verdades que serão os alicerces do conhecimento.

Ainda assim, é difícil entender o que tem sido a filosofia ao longo dos séculos senão como um exercício de ceticismo, como o exercício constante da dúvida. Depois de vinte e cinco séculos de pensamento teórico, sabemos que os problemas da filosofia são insolúveis, que continuam a ser formulados desde as origens com palavras novas e distintos propósitos, mas os problemas são os mesmos. E que o que mantém a filosofia viva e desperta é precisamente a capacidade de duvidar, de não aceitar nenhuma resposta como definitiva. Continuamos a perguntar-nos o porquê de muitas coisas: porque estamos no mundo, porque existe o mundo, o que viemos aqui fazer, o que é que se passava antes de virmos, porque temos de morrer, porque há tanta desigualdade e injustiça, quem é que nos dotou de consciência, porque nos preocupa a dor dos outros. Sem interrogações e sem dúvidas, não teríamos curiosidade por nada, limitar-nos-íamos a aceitar o que há por bom como fazem os animais a quem falta consciência.

A dúvida é uma atitude inteiramente humana, de seres limitados e finitos, mas, paradoxalmente, essa não é a atitude mais habitual. Não é habitual, apesar de termos escolhido uma forma de governo, a democracia, que assenta no diálogo, no contraste de opiniões, na convicção de que são muito poucas as ideias que se podem manter contra ventos e marés. E, se chegámos a um consenso a respeito de algumas verdades universais, é porque elas são abstratas. As grandes palavras — justiça, liberdade, solidariedade, respeito — suscitam consensos unicamente teóricos. Quando temos de descer aos factos e perguntar-nos como estes se tornam realidade, começamos a duvidar de que signifiquem algo claro e igualmente convincente para todos. Por outro lado, as pessoas têm diferentes preferências e é preciso muita habilidade para as pôr de acordo sobre o que mais convém a todos. Os políticos são necessários, escreveu Michael Ignatieff, porque «reúnem na mesma sala pessoas que querem coisas diferentes para descobrir o que têm em comum e querem fazer juntas».[2]

Mas hoje a política não está para ter esse trabalho. Pelo contrário, o que mais nos divide é a falta de competência e de um bom desempenho por parte dos governantes que criam capelinhas e fações partidárias, que dificultam, em vez de propiciar, a construção do que deve ser o bem comum, que se enredam em debates absurdos sobre questões que pouco têm que ver com as necessidades das pessoas. A política e a religião, não muito afastadas uma da outra, são as principais causas da adoção de posições extremas, os maiores obstáculos para esses pequenos encontros que deverão ocorrer para que continuemos juntos. Longe de nos forçarmos a duvidar de muitas coisas, a religião ou a política constituem um impedimento à discussão razoável

---

[2] IGNATIEFF, Michael, *Fire and Ashes*, Harvard University Press, Cambridge, 2013.

24 | ELOGIO DA DÚVIDA

e civilizada. A democracia não eliminou posições ideológicas que se agarram a preconceitos e princípios simples, como o são os nacionalismos, o ódio ao imigrante, a defesa absoluta da vida sejam quais forem as circunstâncias em que seja vivida. São princípios que assentam na fé, em algumas verdades imutáveis, em interpretações inequívocas da História, em princípios que não são senão sucedâneos de um deus que ordena e dita como devem ser as coisas. Max Weber chamou «abjeta» ao que considerava ser «a clerical mania de querer ter razão».

Quando Lutero traduziu pela primeira vez a Bíblia para uma língua vernácula, suscitou a rejeição da Igreja Católica, que se reservava o monopólio exclusivo da interpretação da palavra divina. A propósito das traduções da Bíblia, Jordi Llovet elogiava a que Sébastien Castellion fez no século XVI. Castellion, ou Castelio, tornou-se célebre por causa da sua controvérsia com Calvino no seguimento do martírio a que foi submetido Miguel Servet por confessar que não acreditava no dogma da Trindade. Foi Castelio quem, naquela ocasião, proferiu a famosa frase: «Matar um homem não é defender uma doutrina, é matar um homem.» Pois bem, ao traduzir a Bíblia para o francês, o humanista rotulado de herege optou por uma versão que adaptasse as expressões bíblicas à realidade do seu tempo. Não traduzir «No princípio, Deus criou o céu e a terra», mas «Quando Deus começou a criar o céu e a terra», uma vez que era absurdo pressupor um princípio quando em Deus não há princípio nem fim. Não se referir à mãe do Messias como «virgem», mas como «jovenzinha» (*pucelle*, no francês do autor). Para traduzir, é preciso ser muito humilde, creio que era José María Valverde que o confessava. Com efeito, traduzir é trasladar um texto para outra língua e para outro contexto, nada que possa ser feito automaticamente como agora pretendem as técnicas de tradução. Traduzir exige reflexão e, por conseguinte, dúvida. A dúvida é o que nos constitui, é o motor da mudança em todos os âmbitos. As doutrinas e as adesões à letra dos textos, pelo contrário, são o antídoto da dúvida, nem a toleram nem cabem nelas.

Mas as doutrinas e as profissões de fé, as fórmulas e as receitas que oferecem soluções, são atrativas, porque oferecem segurança a quem a elas adere. Evitam ter de pensar. Por isso as opiniões foram-se estruturando tendo por base as dicotomias: feminino-masculino, sim-não, negro-branco, perder-ganhar, gosto-não gosto, mente-corpo, independentismo-unionismo, esquerda-direita. A lista poderia ser interminável. Os meios termos e as nuances ficam excluídos. O que não se encaixa num dos extremos não merece consideração. Pensar a partir do indeterminado, que não tem contornos precisos, é mais complicado do que dar um nome fixo e determinado a cada coisa. A pós-modernidade de Lyotard definia assim os novos tempos: acabaram-se as certezas, a indeterminação é o nosso chão. Mas não é esse o discurso em que nos sentimos confortáveis, por muito pós-modernos que pensemos continuar a ser. Prova disso é a consideração que merecem os debates políticos que são avaliados como se fossem um jogo de futebol: um candidato tem de ganhar e o outro tem de perder. Não se avalia outra coisa. Ou estás entre os vencedores ou entre os perdedores. Não nos damos conta de que a realidade, reduzida a dois lados, não se encaixa nesse dualismo grosseiro que oculta as zonas intermédias. «As incertezas provocam muito medo e as certezas ainda mais», dizia El Roto num dos seus imprescindíveis cartunes. Mas todo o pensamento moderno impôs a si mesmo a regra de encontrar certezas e descartar aquilo que levanta dúvidas. Descartes procurava uma ideia clara e distinta da qual não fosse possível duvidar. Quis evitar ao mesmo tempo o ceticismo e o fideísmo, no qual acabou por cair. Não aceitava que a dúvida metódica servisse unicamente para lhe encher o espírito de dúvidas, porque as dúvidas o paralisavam. Ele mesmo o expressava desta forma: «A meditação de ontem encheu-me o espírito com tantas dúvidas que já não está em meu poder esquecer-me delas […] não consigo nem firmar os pés no fundo nem nadar para me manter à superfície.» *(Meditações Metafísicas)*. Mais temeroso ainda das consequências que podia ter para a fé religiosa o afincar-se na dúvida foi Pascal, para quem, fora da fé, só havia enormes espaços vazios.

A todos os filósofos, moveu-os aquele que foi o impulso original da filosofia: o desejo de saber. «Todos os homens, por natureza, desejam saber», assim começa a *Metafísica* de Aristóteles. Esse desejo primordial fazem-no seu aqueles que amam a sabedoria, os filósofos. Embora nem todos busquem o saber através dos mesmos métodos, nem confiem com a mesma intensidade no facto de que o objetivo seja ir acumulando certezas. Aristóteles distanciou-se de Platão na dedicação à vida teorética, não compartilhando a ideia de que a contemplação seja o modo mais adequado ou mais humano de adquirir conhecimento. Pensa que a experiência também é importante. E a experiência é diversa e múltipla, cada um de nós vive a vida de uma forma distinta e olha para a realidade a partir da sua perspetiva particular. Não devemos importar-nos, dirá Aristóteles, com saber o que é a virtude, mas, sim, com sermos pessoas boas: algo que se aprende com a experiência, comprovando as dificuldades de tornar real o que em teoria é óbvio. «A virtude está no meio-termo», com efeito. Mas, qual é o meio-termo? Quem o determina? Com que critério? É mais correta, mais justa, mais generosa, mais nobre, a reação de Antígona ou a da sua irmã Isménia? A experiência faz com que demos de caras com a dúvida. Confronta-nos com nós mesmos, como sujeitos que duvidam, e duvidam porque pensam. A dedução cartesiana «penso, logo existo» é demasiado simples. Pensar é, com efeito, uma ideia clara do ser racional, mas do pensar não se deduz apenas a existência, mas também a complexidade do ser pensante, que inclui a dúvida.

Montaigne foi o artífice dessa ideia. A sua resposta ao desejo de saber filosófico formulado categoricamente por Aristóteles é uma pergunta que percorre esse modo específico de fazer filosofia que criou um género novo, o «ensaio». *Que sais-je?*, pergunta-se o ensaísta por excelência. Se o motor da reflexão é a consciência da própria ignorância, a autoanálise converter-se-á no princípio da sabedoria, e a dúvida, no habitat normal da condição humana. *Lord* Byron, no *Don Juan*, exalta desta forma a atitude dubitativa de Montaigne:

> «Que sei eu? Era o lema de Montaigne
> e também dos primeiros académicos:
> Que é duvidoso tudo o que o homem possa alcançar
> Era uma das suas posições preferidas.
> Sabemos tão pouco o que fazemos
> Neste mundo que duvido que duvidar seja duvidar.»

Efetivamente, Montaigne não desdenha a atitude do cético. Um dos seus mestres é Pirro. Mas também bebe de Aristóteles. Começa o último capítulo dos *Ensaios*, «A experiência», com a citação aristotélica: «Não há desejo mais natural do que o desejo de conhecimento.»

28 | ELOGIO DA DÚVIDA

E acrescenta: «Quando a razão nos falha, empregamos a experiência [...] que é um meio muito mais fraco e menos digno. Mas a verdade é uma coisa tão grande que não podemos desprezar nenhum intermediário que possa conduzir-nos até ela.»

Não é a experiência alheia aquela que nos será mais útil, mas a própria. O conhecimento que nos foi legado pelos doutos foi sucessivamente interpretado por aqueles que lhes sucederam, sem conseguir mais do que acrescentar confusão e perplexidade. Não é a ciência nem os tratados dos filósofos nem as leis dos governantes que nos dirão como devemos viver, mas a própria experiência. «Preferiria ser um entendido em mim mesmo do que sê-lo em Cícero. A experiência que tenho sobre mim mesmo bastar-me-ia para me tornar sábio, se fosse bom aluno.» Quem acredita conhecer-se bem não sabe absolutamente nada, já Sócrates o ensinou, e Montaigne declara-se seu fiel discípulo, uma vez que no autoconhecimento está a escola de que todos necessitam:

> «Devo à minha fraqueza, tantas vezes reconhecida, a minha inclinação para a modéstia, para a obediência às crenças que me são prescritas, para uma constante frieza e moderação de opiniões; e o ódio para com a arrogância importuna e belicosa, que acredita e confia plenamente em si mesma, inimiga mortal da aprendizagem e da verdade.»

Claro que o que preocupava Montaigne era viver bem, aprender a viver. Os seus *Ensaios*, repletos de citações, provam que se fechou na sua torre para ler a fundo os clássicos gregos e latinos — Séneca, Plutarco, Horácio, Cícero, Lucílio. Porém, não lhe interessa falar e desenvolver as teorias deles, mas, antes, o relato de como viviam, o que apreciavam, o que preferiam, como administravam o seu tempo. As vidas simples, os episódios quotidianos, eram uma fonte de conhecimento que considerava útil e interessante. É o que, por sua vez, conta de si mesmo: como dormia, como se protegia do frio, como combatia os cálculos do rins, se evacuava mais ou menos, quais eram os seus momentos de prazer. Qualquer tema pode ser objeto de um ensaio, independentemente da transcendência ou da trivialidade que tenha. Montaigne fala-nos com a mesma intensidade da morte tão sentida do seu amigo De La Boétie e do desagradável suor de Alexandre, *o Grande*. Saber viver bem a própria vida, que é a de todos, dizia, é a mais árdua ciência. Por muito que queiramos superar a nossa condição, por muito que nos ponhamos «em andas» para ver a realidade a partir da superioridade do douto ou do que tem poder, teremos de confiar nas nossas pernas: «Mesmo aquele que se senta no trono mais elevado não deixa de estar sentado sobre o seu rabo.» «As vidas mais belas são, em minha opinião, aquelas que se acomodam ao modelo comum e humano, com ordem e sem nada de miraculoso, sem extravagâncias.»

A todas essas lições de pouca grandeza aparente chamamos hoje aplicar o senso comum. Para Montaigne, que nisto seguia os estoicos, o critério do senso comum era agir conforme a natureza. Dar mais valor ao que se sente do que ao raciocínio: «Julgo-me unicamente pelo que sinto, não pelo que raciocino.» Apreciar o bom e apressar-me a passar pelo mal. Isso é ser prudente, sóbrio, saber viver:

> «É muito mais fácil andar pelas margens, onde os extremos servem de limite, de freio e de guia, do que pela via do meio, larga e aberta, e mais segundo a disposição própria

30 | ELOGIO DA DÚVIDA

do que segundo a natureza; mas é também muito menos nobre e menos digno de elogio. A grandeza da alma não reside tanto em elevar-se e em avançar, mas em saber manter-se em ordem e circunscrever-se. Tem por grande tudo aquilo que é suficiente. E mostra a sua elevação ao preferir as coisas medianas às eminentes. Nada é tão belo e legítimo como ser um homem, e agir em conformidade. Nem há ciência mais difícil do que saber viver bem esta vida.»[3]

Ora, precisamente porque a dúvida nos constitui como seres humanos, limitados e finitos, comprazer-se com ela não tem nenhum atrativo. Retrata com demasiada fidelidade o que somos. Dá a impressão de que quem duvida é o timorato, o indeciso, aquele que prefere que sejam os outros a decidir e a tomar posições. Por isso, a personagem dubitativa que é Isménia passou à história como uma figura medíocre, «uma exata medida da normalidade, do ordinário», como a descreve Eckermann.[4] George Steiner, no seu exaustivo percurso pelos muitos relatos do mito de Antígona, torna patente a assimetria entre as duas irmãs, Antígona e Isménia, paralelamente a outra dupla de irmãs míticas, a de Electra e Crisótemis. Também esta última, sem pôr em causa a legitimidade do desígnio de Electra, tenta avaliar o custo do assassinato e a violência que pode

---

[3] Todos os textos de Montaigne citados até agora pertencem ao ensaio «Sobre a experiência» (Ensaios, III, XIII). A autora recomenda a leitura do belo e sugestivo livro de BAKEWELL, Sarah, *Cómo vivir. Una vida con Montaigne*, Barcelona, Ariel, 2011.

[4] Nas *Conversações com Goethe*, citadas por George Steiner no exaustivo estudo do mito de Antígona, *Antígonas. La travesía de un mito universal por la historia de Occidente*, Gedisa, 1986. Nas linhas que se seguem a autora recolhe algumas das ideias vertidas no referido ensaio.

seguir-lhe. Às suas dúvidas, Electra atira-lhe com um «vai para casa», isto é, para o lugar que lhe compete, o depreciável *oikos* que designa o âmbito feminino da vida doméstica. Mas nem todas as interpretações são igualmente depreciativas em relação à irmã aparentemente medrosa. A *Antígona* de Hasenclever atribui um peso moral às advertências de Isménia através destes versos:

«Com uma nova injustiça não se elimina a velha;
insensatamente promoves eterna calamidade...
Sê humana com todos os humanos!»

Algo de similar pode dizer-se da *Antígona* de Anouilh, onde Isménia é a irmã mais velha e representa a sanidade mental, a reflexão e a cordura. Por isso compreende melhor a posição do seu tio Creonte — *je comprends un peu notre oncle* —, ainda que mais adiante a atitude de Isménia se torne ambígua e mais próxima da resolução de Antígona de enterrar o seu irmão seja a que custo for. Mas também é assim na tragédia original de Sófocles. Se assim não fosse, não veríamos em Isménia, de um modo tão evidente, a encenação da dúvida.

Outro elemento que não podemos ignorar é que o conflito entre Isménia e Antígona é protagonizado por duas mulheres, duas mulheres que se confrontam com a política e que, de uma forma ou de outra, representam o papel — ou a ausência de papel — que as mulheres desempenham nesse campo. «Somos apenas mulheres», explica Isménia, um «sexo fraco» e inapto para a política. Antígona foi vista, especialmente por Hegel, como a representação tipicamente feminina do apego à família e à natureza. Isménia, por sua vez, é uma personagem inteiramente feminina que

32 | ELOGIO DA DÚVIDA

exibe a debilidade corporal e o sentimento compassivo quando se avizinha a catástrofe.

No entanto, outros contextos admitem que vemos as intervenções de uma e de outra irmã com nuances diferentes. Steiner apoia-se no filme de Kluge, com argumento de Heinrich Böll, *Der Herbst in Deutschland*, para pôr em evidência a leitura que o mundo contemporâneo deveria fazer do conflito Antígona-Isménia, à luz do aparecimento, na Alemanha, do grupo terrorista Baader-Meinhof. O que dizer, pergunta-se, da personagem de Sófocles «quando o grupo Baader-Meinhof quase pôs o país de joelhos, numa altura em que atos de terrorismo brutal se perpetraram em nome da justiça absoluta», Ulrike Meinhof (Antígona?) suicida-se na sua cela. Andreas Baader (Hémon?) faz o mesmo um ano depois. Steiner é categórico, e a sua dúvida é retórica: «Não está Creonte justificado ao defender a sobrevivência da sociedade contra impiedosos assassinos? [...] Resta algum lugar para a feminilidade clássica de Isménia, para a sua atitude que tende a evitar a morte?» Sob essa perspetiva, a atitude de Antígona é a da personagem viril que exibe traços masculinos, enquanto Isménia mostra uma forma «feminina» e conciliadora de resolver o conflito. Num sentido similar, mas com conclusões distintas, Rafael Sánchez Ferlosio viu em Antígona a figura de quem resiste a aceitar o interesse do direito ou do Estado acima de qualquer outro interesse. Perante um sequestro, dá como exemplo, o Estado protege-se a si mesmo sem atender à responsabilidade de proteger a vida da pessoa sequestrada. O Estado não pode, sob hipótese alguma, dar mostras de fraqueza, nem mesmo quando está em perigo a vida de um cidadão.[5]

---

[5] SÁNCHEZ FERLOSIO, Rafael, *Sobre la guerra*, Destino, Barcelona, pp. 383–384.

Mas fixemo-nos ainda por um momento no traço de debilidade que vários autores atribuíram às duas irmãs: debilidade de Antígona, pela excessiva veemência que a leva à morte, e debilidade de Isménia, pela sua atitude dubitativa. Atentemos, já que de dúvida se trata, nesta última e na afirmação de que a dúvida está associada à condição de mulher. Generalizar, reconheço-o, é, em qualquer caso, uma simplificação, e também neste o é. Nem todas as mulheres nem todos os homens possuem os mesmos traços comportamentais associados ao sexo a que pertencem. Não foi o sexo, mas, sim, o género, ou seja, a adscrição cultural e ancestral, que fez, regra geral, a mulher mais propensa a exibir a sua fraqueza com atitudes como a dúvida. A autora feminista Sheryl Sandberg, num livro de sucesso que tem como título *Lean In* («Atreve-te»), sustenta que a lentidão na emancipação total da mulher se deve ao facto de a muitas mulheres faltarem a ambição e a arrogância que sobram à maioria dos homens. É assim porque lhes foi ensinado a calarem-se, a serem discretas, a não chamarem a atenção, porque têm medo de serem julgadas, temem o fracasso. Nós, professoras, sabemos que numa sala de aula maioritariamente composta por mulheres são sempre os homens que assumem a liderança. As mulheres hesitam antes de falarem e perdem a vez.

Mas não é da dúvida nascida de uma hipotética debilidade decorrente da falta de confiança em si mesmo que quero falar. Interessa-me uma dúvida mais ontológica, nascida da debilidade intrínseca à condição humana, a sujeitos que se sabem vulneráveis e dependentes, que não presumem uma autossuficiência fictícia. Não é a dúvida cartesiana, intelectual e metódica, mas a dúvida que leva o sujeito a manter uma atitude relacional e não autoafirmativa. Duvidar, como

espero conseguir explicar nas páginas seguintes, não implica
deixar de agir nem permanecer indeciso. Tampouco significa equidistância entre opiniões opostas. Duvidar, na linha
de Montaigne, é dar um passo atrás, distanciarmo-nos de nós
mesmos, não ceder à espontaneidade do primeiro impulso.
É uma atitude reflexiva e prudente, no sentido da *phrónesis*
grega, a regra do intelecto que procura a resposta mais justa
para cada caso.

2

O ASNO DE BURIDAN

Incapaz de decidir, perante os dois fardos de palha que tem diante de si, qual comer, o asno de Buridan acaba por morrer de fome. O paradoxo, que não é da autoria do tal Buridan, uma vez que já tinha sido formulado por Aristóteles, teve muitas interpretações relacionadas com o equilíbrio das forças físicas ou com a dificuldade de exercer o livre arbítrio face ao imperativo de ter de tomar uma decisão racional perante duas opções igualmente perentórias e razoáveis. Não pretendo entrar agora no debate filosófico sobre o paradoxo em questão. Aludo a ele unicamente como expoente da paralisia em que poderia resultar uma atitude permanentemente instalada na dúvida. O argumento mais comum usado contra os filósofos céticos era este: um cético assumido, que põe tudo em dúvida, acabará paralisado, será incapaz de fazer alguma coisa, ante a implacável convicção de que tudo o que vê, toca, pensa ou imagina é um engano, pura alucinação. Para quê dar-se ao trabalho de comer se a comida não existe? Para quê sentar-se a descansar se o cadeirão é fictício? O que significa sair para passear na rua se não há rua? Há um remédio óbvio contra o ceticismo, dizia G. E. Moore, que é o seguinte: basta levantar a mão direita e em seguida a esquerda e dizer ao mesmo tempo: «Esta é a minha mão direita, e a outra é a esquerda.» Ninguém duvidará de tal evidência.

Em muitas ocasiões, os argumentos filosóficos são válidos e servem de entretenimento como ginástica intelectual,

38 | ELOGIO DA DÚVIDA

mas não é essa ginástica que quero praticar aqui. Trago à colação o exercício da dúvida como um elemento positivo para a maturidade mental e para a convivência civilizada, como um dispositivo capaz de agitar os juízos, as opiniões, as afirmações e as explicações em relação ao que se passa ou em relação àquilo que na nossa mente pede uma explicação. A dúvida serve para eliminar preconceitos, pressupostos não fundamentados, crenças não analisadas, e não é em nada antagónica com a procura de uma suposta verdade. Descartes utilizou o método da dúvida para chegar à verdade primeira, uma ideia clara e distinta, evidente, a partir da qual ligar uma cadeia de verdades sucessivas. Não se pode dizer que o seu empenho tenha produzido os resultados esperados, pois nem mesmo o «penso, logo existo» foi unanimemente aceite por outros filósofos como uma ideia inegável e adequadamente fundamentada. Mas o objetivo do filósofo não era o de permanecer na dúvida, mas, antes, que a dúvida o ajudasse a raciocinar bem. Também Montaigne, que receava menos do que Descartes instalar-se na dúvida, adverte que o ato dubitativo não deve obscurecer a necessidade de agir. Tem sido frequentemente notada a influência que Montaigne teve sobre Shakespeare, especialmente em *Hamlet*, cujo dilema consiste em pensar demasiado nas circunstâncias e consequências do que vai fazer. Que a dúvida é parte do nosso ser equivale a dizer que se aninha em nós a confusão e a contradição: «Somos, não sei como, duplos em nós mesmos, e isso faz com que não acreditemos naquilo em que acreditamos, e que não consigamos desfazer-nos daquilo que condenamos.»[6] O ser humano é tão inconstante que quer e não quer as mesmas coisas: «Flutuamos

---

[6] MONTAIGNE, *Ensaios*, II, XVI.

entre diversas opiniões: nada queremos livremente, nada absolutamente, nada constantemente.»[7] Enganar-nos-emos sempre que pretendamos descrever ou julgar alguém com base em características supostamente estáveis e comuns. O próprio Montaigne descreve-se a si mesmo com atributos incompatíveis: «Envergonhado, insolente; casto, luxurioso; tagarela, taciturno; duro, delicado; inteligente, estúpido; irascível, bonacheirão: mentiroso, veraz; douto, ignorante; generoso, avaro e pródigo.»[8] Citando Cícero, escreve que «não há discussão possível sem contradição».[9]

Há uma diferença que não é de somenos entre a dúvida de Montaigne e a cartesiana. Ao contrário de Descartes, que procurava uma verdade científica, Montaigne preocupa-se unicamente com a *sua* verdade, aquela que pode encontrar no seu interior, através da autoanálise, sem pretensões de a converter em verdade universal nem de a alargar a ninguém que não seja ele mesmo. As dúvidas e o ceticismo conduzem--no à prática do autoconhecimento, o exercício que considera mais saudável para ele e para os outros. André Gide viu-o muito bem no seu ensaio sobre Montaigne:

> «Parece que, diante da atroz pergunta de Pilatos, cujo eco ressoa através dos tempos, "o que é a verdade?", Montaigne adota, ainda que muito humanamente, de uma forma inteiramente profana e com um sentido muito

---

[7] MONTAIGNE, *Ensaios (Antologia)*, II, 1 («Da inconstância das nossas ações»), Relógio D'Água Editores, 2016, p. 142. Prefácio e tradução de Rui Bertrand Romão.

[8] MONTAIGNE, *Ensaios (Antologia)*, II, 1 («Da inconstância das nossas ações»), Relógio D'Água Editores, 2016, p. 144. Prefácio e tradução de Rui Bertrand Romão.

[9] *Ensaios*, III, VII.

40 | ELOGIO DA DÚVIDA

diferente, a divina resposta de Cristo: "Eu sou a verdade."
Ou seja, ele estima nada poder conhecer senão a si mesmo.
E é isto que o leva a falar tanto de si.»

De um modo similar raciocina Jean Starobinski ao realçar que a paz interior é possível mesmo no meio das piores
tormentas:

> «A abstinência intelectual de Montaigne (a *epoché*
> cética) não implica nem a abstenção política, nem a pro
> cura por uma segurança afiançada a qualquer preço, nem
> a rejeição da ação, mesmo que a ação, a seu ver, deva com
> portar sempre o menor número possível de elementos
> passionais. Passado o momento em que se coloca sob a
> proteção do deslocamento interior que resultaria de um
> compromisso demasiado intenso, Montaigne assinala com
> nitidez um terceiro tempo, o da ação ponderada.»[10]

A diferença que faz de Montaigne um pensador mais
próximo de nós relativamente a Descartes é a desconfiança
no poder do intelecto ou da razão para encontrar uma verdade que está aí, à espera de ser descoberta por mentes
brilhantes que puseram a sua vida ao serviço dessa tarefa
sublime. Montaigne não parece querer ir tão longe, a sua
tarefa é mais modesta. Parte da contradição que caracteriza o ser humano. Nas descrições que faz de povos simples,
como os Tupinambás, habitantes da chamada França Antártica (o atual Brasil), compraz-se em apontar aquilo que de

---

[10] STAROBINSKI, Jean, «Montaigne: une Théorie de l'action calme».
A autora retira esta citação e a anterior do livro de Adolfo Castañón, *Por el
país de Montaigne*, México, Edições Sin Nombre, 1998.

desejável há num modo de vida onde falta tudo aquilo que a arrogância europeia tem por certo e necessário. «Cada um de nós chama "barbárie" àquilo a que não está acostumado.» Estamos acostumados a ver tudo a partir de uma perspetiva própria, e unicamente a partir dela, a valorizar o que é nosso e a desprezar ou a ignorar tudo o que nos é alheio. Assim, é impossível apreciar as vantagens de outros lugares que em nada se assemelham aos idealizados por filósofos como, por exemplo, Platão, a quem haveria que explicar bem os aspetos positivos de viver em nações como a dos Tupinambás. Montaigne finge explicar-lho:

> «É uma nação, diria eu a Platão, na qual não há nenhuma espécie de comércio; nenhum conhecimento das letras; nenhuma ciência dos números; nenhum vocábulo que designe cargos públicos ou uma qualquer superioridade política; nenhuma prática de servidão, riqueza ou pobreza; nenhuns contratos; nenhumas sucessões ou partilhas; nenhumas ocupações a não ser as do ócio; nenhuma consideração de parentesco, exceto daquele que liga todos os membros da comunidade; nenhum vestuário; nenhuma agricultura; nenhum metal; e nenhum consumo de vinho ou de trigo. As próprias palavras que nomeiam a mentira, a traição, a dissimulação, a cobiça, a inveja, a detração e o perdão são-lhe inauditas.»[11]

Tem sido uma constante da inteligência humana querer ir além de algumas limitações intrínsecas a seres que são

---

[11] MONTAIGNE, *Ensaios (Antologia)*, I, 31 («Dos canibais»), Relógio D'Água Editores, 2016, p. 120. Prefácio e tradução de Rui Bertrand Romão.

42 | ELOGIO DA DÚVIDA

finitos e que têm, inevitavelmente, perceções parciais da realidade. George Steiner condenou repetidas vezes o incompreensível grau de confiança que moveu o intelecto humano no intento de encontrar a verdade. Aristóteles, Descartes, Hegel, Freud, todos eles partem do princípio de que a linguagem dá conta do mundo, que existe uma equivalência entre a sintaxe e a estrutura da realidade. É um afã fundamentalmente teológico — pensa o autor citado —, que bebe dos textos proféticos e reproduz, sem se dar conta, sob uma aparência de racionalidade, os mitos que relataram uma ânsia de absoluto da qual a humanidade, por muito que procure secularizar o pensamento, não consegue libertar-se. A árvore do Paraíso, o mito de Prometeu e o mito de Fausto mostram que o desejo de saber e de nos transcendermos a nós mesmos não tem limites, e que a imoderação e a desmesura acabam sempre por ser castigadas. A alienação do ser humano que descreve Marx, o mal-estar na civilização que lamenta Freud, não são outra coisa, no entender de Steiner, que não reminiscências do pecado original. Como o é também a teoria de Lévi-Strauss a respeito do carácter predador da cultura sobre a natureza. «Construções visionárias» que sempre fracassaram, porque são ilusórias, desejando ocupar o vazio deixado pela religião.[12]

Montaigne não comunga desse espírito de autotranscendência. A sua análise tem outros objetivos, não tem outra ambição senão a de estabelecer comparações e contrastes entre formas de vida existentes e díspares. Porque o contraste relativiza as crenças, põe em relevo a pequenez e a debilidade do que se tomava por grande e forte.

---

[12] STEINER, George, *Nostalgia do Absoluto*, Lisboa, Relógio D'Água, 2003. Tradução de José Gabriel Flores.

A verdade de Montaigne não é «o ser», mas «o trânsito», o trânsito do antigo para o novo, do longínquo para o próximo, do conhecido para o desconhecido, como exercício de questionamento, de *epoché*, de suspensão do juízo, com o propósito de mostrar que o que parecia incontestável é menos consistente do que pensávamos.

Embora o discurso intelectual esteja há anos mergulhado na pós-modernidade e no pensamento débil, embora tudo o que era sólido se tenha tornado líquido, como não deixa de repetir Zygmut Bauman, o anseio de nos agarrarmos a algumas verdades inquebrantáveis parece fazer parte de nós. Não sob a forma de grandes teorias, pois já não há filósofos que embarquem na tarefa de elaborar uma *Enciclopédia das Ciências Filosóficas*, como fez Hegel. Não é a filosofia que deve ser acusada de se mostrar pouco propícia à dúvida, já que a própria filosofia se encontra hoje mais desnorteada do que nunca, vendo o seu universo cada vez mais reduzido ao das grandes perguntas que dariam sentido à vida se tivessem respostas definitivas. Mas o desconcerto e a desorientação não satisfazem, custa resignarmo-nos à perplexidade. Por isso são mais atrativas as respostas do que as perguntas, mesmo quando as primeiras são simples e trapalhonas. À medida que estamos cada vez mais conscientes de que a grande pergunta filosófica, «o que é o homem», continuará a ser um enigma pelos séculos dos séculos, e à medida que os enigmas continuem a ser vistos como coisas irreais que o nosso mundo pragmático quer eliminar a todo o custo, temos chão fértil para que floresçam e se multipliquem os fanatismos.

Referi-me noutra ocasião à ética do nosso tempo como uma «ética sem qualidades», roubando o título ao famoso

44 | ELOGIO DA DÚVIDA

romance de Robert Musil.[13] Desde Kant que a nossa ética se fundamenta na autonomia do sujeito como ser racional, um sujeito do qual se presume a capacidade de decidir por si mesmo o que deve fazer se se der ao trabalho de reprimir os impulsos e se guiar pela razão. A nossa não é uma ética católica, islâmica ou evangélica, nem tampouco uma antiética nietzscheana. O que nos une é uma hierarquia de valores e de princípios, que pretendemos universais, e que, por isso mesmo, são abstratos e laicos; não foram decretados por nenhuma fé concreta, abraçámo-los porque pensamos que devem sustentar-se enquanto tais. Essa ética sem qualidades desassossega e desconcerta, oferece poucas garantias e muitas incógnitas, torna-nos mais responsáveis porque também nos reconhece como mais livres. É a antítese da máxima evangélica «a verdade vos libertará», porque a verdade não é património de ninguém e, seja como for, se existe alguma verdade, esta tem sempre uma formulação muito pouco precisa, aberta a mais de uma interpretação. Basta reler as «verdades que consideramos autoevidentes» e que encabeçam a Constituição dos Estados Unidos de 1776: «Que todos os homens são criados iguais; que são dotados pelo seu Criador de certos direitos inalienáveis, entre os quais estão a vida, a liberdade e a busca da felicidade.» Eliminada a alusão ao «Criador» como um vestígio de outros tempos, o que fazemos com os direitos inalienáveis, hoje amplamente reconhecidos? Como os interpretar? A que é que obrigam? Não é cínico continuar a proclamá-los perante uma crise como a dos refugiados?

Uma ética sem qualidades é uma ética difusa, mas não cética. Não é uma ética que nos iniba de agir. Não poderia

---

[13] Camps, Victoria, *El declive de la ciudadanía*, Madrid, PPC, 2010.

sê-lo, porque, para podermos desenvolvê-la, temos de partir da ideia de que há coisas que não estão bem e que não se devem fazer, e que é possível mudar o que está mal. Mas, se essa ética não se constrói a partir do ceticismo, tampouco o faz a partir da segurança de quem crê estar na posse da árvore da ciência do bem e do mal, para recordar de novo o mito bíblico. A ética parte de umas quantas convicções claras mas difusas — a justiça, a paz, a solidariedade, o respeito — e mantém uma atitude aberta e dialogante com o propósito de ir dotando de conteúdo esses grandes conceitos que a sustentam.

A indeterminação quanto àquilo em que se deve acreditar e àquilo que se deve fazer é um terreno propício à filosofia, não ao indivíduo comum que anseia por certezas. Por isso prosperam os livros de autoajuda, em detrimento dos ensaios filosóficos. A apatia ou a indiferença moral, próprias desta pós-modernidade débil e líquida, esbarram hoje com o fanatismo daqueles que não toleram viver na incerteza e que procuram desesperadamente verdades às quais se aterem.

Assim, porque o desconcerto e as dúvidas não são cómodos, não é raro que apareçam, um pouco por todo o lado, posturas extremas, e que sejam menosprezados os meios-termos e as posições moderadas. Na sequência da última crise financeira, que deixou tanta gente sem recursos, pobre e desenraizada, proliferaram as formações políticas que se resguardam atrás de nacionalismos excludentes, em baluartes de sólidas identidades que criam atitudes defensivas e que compensam emotivamente dos muitos agravos recebidos. Não me refiro agora às fações religiosas empenhadas em reavivar aquilo que de mais sinistro e aterrador as perseguições medievais tiveram, como o Estado Islâmico.

46 | ELOGIO DA DÚVIDA

Não falo de terrorismo puro e duro, mas de formas de dominação que conservam gestos democráticos, que pretendem, inclusive, compreender melhor do que ninguém o que é a democracia, mas que deixam entrever pulsões autoritárias. As posições extremas roçam o fanatismo, fruto do desejo de se agarrarem a crenças fortes e sólidas. Dizemos delas que são «populistas», porque, entre outras coisas, exercem uma atração fácil junto de pessoas que pouco têm a perder e que estão predispostas a reconhecer inimigos que as subjugam e que são os responsáveis pela situação miserável em que se encontram. Na raiz de qualquer extremismo, há uma vontade de poder facilmente mascarada de ideais de salvação. Estamos, uma vez mais, perante a ambição de absoluto que alimentou as religiões e que hoje o faz com projetos terrenos.

Entre outras, há duas características que qualificam o extremismo a que me refiro. O extremista procura amparo no grupo, na uniformidade que algumas crenças simples e fáceis de formular oferecem, que se apresentam como indiscutíveis e como a voz da razão. A pertença ao grupo corrige o egoísmo que caracteriza o ser humano, pois, como explica Cass Sunstein, não somos apenas egoístas, somos também grupais, e pensar através do grupo é aconchegante, sobretudo quando a realidade desconcerta e não sabemos onde nos situarmos, o que devemos pensar, o que decidir. Daí que «quando alguém se encontra num grupo de indivíduos que pensam de forma igual, tenda principalmente a mover-se em direção aos extremos»[14], porque nos extremos as posições se simplificam sob a denominação de

---

[14] SUNSTEIN, Cass, *Going to Extremes. How Like Minds Unite and Divide*, Oxford, Oxford University Press, 2009.

ra essa indiferença rebela-se, por exemplo, o
co Tony Judt no seu livro-manifesto *Algo va mal.*[17]
ciência de que nos equivocámos em muitas coi-
que estamos a deitar fora aquilo que até há muito
tempo considerávamos princípios indiscutíveis,
colocar-nos perante uma série de perguntas, de
s, sem as quais será difícil encaminhar o futuro
boa direção. Judt diz que nos encontramos neste
o momento entre dois extremos, o de um indi-
ismo feroz, que comunga com o neoliberalismo
elvagem, e a tentação de retornar a uma retórica
querda que já deveria ter sido considerada definiti-
nte falhada. A atitude dubitativa é, de novo, aquela
e sabe colocar entre as duas posições, com a von-
de conservar uma série de valores que não podemos
r cair, pois foram eles que marcaram o progresso da
pa e deveriam marcar o progresso do mundo, mas
untando-nos, ao mesmo tempo, se os meios que estão
r utilizados para os conservar são os adequados. Judt
re-se à social-democracia, um ideal que, na Europa, foi
amplamente aceite até aos anos 80 do século passado,
conseguiu acabar com o comunismo e submergir-nos
ma espécie de modorra democrática generalizada que,
bora não produzisse grande entusiasmo junto dos seus
vos, podia orgulhar-se de ter logrado as sociedades mais
ualitárias conhecidas até hoje.

O facto de o processo social-democrata ter sido inter-
mpido há trinta anos devido à desregularização neolibe-
l deve suscitar uma série de questões e de dúvidas. Não se
ata de duvidar de tudo, porque algo fomos aprendendo,

---

[17] Judt, Tony, *Algo va mal*, Madrid, Taurus, 2010.

um único rótulo. Temos de ser independentistas ou unio-
nistas, ficar do lado de Israel ou da Palestina, incluirmo-
-nos entre os indignados ou entre os que se conformam.
A dicotomia ajuda a classificar e a localizarmo-nos, a tomar
posição sem termos de relativizar nem de dar explicações.
A cantora israelita Noa, ao afirmar-se pacifista, teve dificuldades para interpretar em Barcelona *El cant dels ocells.*
À semelhança do cantor norte-americano Matisyahu, que,
por não se declarar antissemita, foi boicotado no festival de
Benicassim.

Pertencer a um grupo conforta e facilita o estar no
mundo. Partilhar as mesmas convicções gera a confiança
que as instituições políticas são incapazes de produzir. O indivíduo sente-se forte se puder amparar-se na
solidariedade do grupo. Neste sentido, diz Sunstein,
o extremista é altruísta: interessa-lhe mais a voz comum
e partilhada do que a sua própria, que deixa de existir.
Amos Oz, num delicioso ensaio sobre o fanatismo[15],
ilustra a postura do extremista aludindo ao filme *A Vida
de Brian*, dos Monty Python. Quando o protagonista
se dirige à multidão e lhe diz «Sois todos indivíduos»,
a multidão entusiasma-se e responde, «Somos todos indivíduos», com exceção de um deles que timidamente diz:
«Eu não.» Mas é inútil, não querem ouvi-lo, voltam-se
todos contra ele e mandam-no calar. O dissidente incomoda, há que o eliminar.

O segundo ponto que caracteriza o extremista é o oti-
mismo. Acredita no sucesso do que defende, porque, se
deixar de acreditar, toda a estrutura em que se sustentam
as crenças desaba. A ideia de salvação ou de redenção de

---

[15] Oz, Amos, *Contra el fanatismo*, Madrid, Siruela, 2003.

todos os males está na base das propostas utópicas. Deixámos de nos perguntar como se chega ao paraíso, porque partimos do princípio de que os artífices da utopia o sabem e não errarão nem no caminho nem no método. Não é de estranhar, por outro lado, que os movimentos políticos mais recentes, que se inspiram nesse anseio de redenção, tenham muito presente o facto de uma proposta política para o nosso tempo já não poder propor um mundo feliz, mas que tenha, antes, de assentar numa realidade contraditória e cheia de limitações. Por isso refugiam-se na indefinição: nem de direita nem de esquerda, nem comunistas nem social-democratas; o seu âmbito não são os partidos políticos, mas círculos, confluências, movimentos. O que quer que sejam está por inventar e ainda não tem nome.

Decerto que o que, em última análise, explica o gosto pelas posições extremas é aquilo que Erich Fromm chamou «medo da liberdade».[16] Porque a liberdade é um ideal que todos aplaudem e que ninguém rechaçaria, mas é também um ideal de difícil realização. Sermos verdadeiramente livres, com essa liberdade positiva que implica autonomia e não nos deixarmos levar pelas tendências mais influentes do momento, implica sentirmo-nos sós e inseguros. Implica termos de dar conta do que fazemos, sermos responsáveis. O refúgio em posições extremas, de «pensamento único», evita a liberdade e cai no conformismo da adesão ao coletivo.

Os extremismos, as atitudes fanáticas, tendem a desembocar em posições totalitárias. O século passado foi pródigo nelas. É verdade que agora vivemos em democracias

---

[16] FROMM, Erich, El miedo a la libertad, Buenos Aires, Paidós, 2008.

O ASNO DE BURIDAN | 51

não se trata de pôr em causa o objetivo de uma vida melhor para todos, nem tampouco de esboçar sociedades utópicas fora do nosso alcance, mas de tomar como princípio os valores alcançados e aos quais não seria legítimo renunciar. Judt expressa-o muito bem:

> «Sabemos o que não queremos: da amarga experiência do século passado aprendemos que há coisas que os Estados definitivamente *não* devem fazer. Sobrevivemos a uma era de doutrinas que pretendem dizer, com uma postura alarmante, como devem atuar os nossos governantes e recordar aos indivíduos — mediante o emprego da força, se necessário — que quem está no poder sabe o que é melhor para eles. Não podemos voltar a tudo isso.»

A dúvida não paralisa, porque sabemos que certas coisas foram mal feitas. E caso se tenha claro o fim a que se aspira, por muito distante que ele esteja. Foi isso o que expressou *Lord* Beveridge, um dos artífices do Estado de Bem-Estar Social, quando disse que o que há a considerar é: «em que circunstâncias é que os homens podem viver em conjunto de forma que valha a pena». Há que voltar a fazer essa pergunta, que na altura, teve boas respostas mas que a longo prazo se revelaram insuficientes, pois, como diz Judt, «talvez haja boas respostas a estas perguntas, mas, se não as fizermos, como é que poderemos saber?»

Duvidar não é repudiar completamente o sistema, não é empreender a tarefa absurda de apagar o passado e começar tudo de novo; é afirmar valores como o da liberdade, mas com a convicção de que não devemos tê-los por garantidos nem por assumidos. Porque a liberdade tem de ter limites e há que nos interrogarmos a respeito de

52 | ELOGIO DA DÚVIDA

quais são. A igualdade é um objetivo irrenunciável, um objetivo a que pensamos poder chegar redistribuindo a riqueza, mas a redistribuição tem muitas formas e nem todas deram bons resultados. Não deveríamos nós perguntar-nos em que consiste a riqueza e se é mesmo verdade que um sistema de tributação económica progressiva a destrói irremediavelmente, como afirma o neoliberalismo? Não deveríamos, pelo contrário, pensar que as políticas fiscais justas são imprescindíveis porque só elas melhoram a saúde geral do país? E a forma de medir o crescimento económico, a partir do PIB, conduz a quê? A esconder o fosso cada vez maior entre aqueles poucos cuja riqueza não para de crescer e a grande maioria cada vez mais empobrecida? Se a liberdade tem de ter limitações visando o bem comum, o que é que impede que se trave o enriquecimento indevido e se ponha cobro às enormes desigualdades salariais?

Ao levantar questões deste calibre, não estamos a desdenhar a social-democracia. Pelo contrário, reconhecemos que é a melhor das opções que hoje temos. Uma opção que está ameaçada, por um lado, porque é contrária aos interesses mais poderosos e, por outro, pela inconsciência e pela desídia daqueles que não têm poder mas que não deixam de ter parte da responsabilidade relativamente ao mundo que está a ressurgir da crise. Nada está ganho para sempre, nem mesmo os ideais que parecem mais sólidos. Por isso uma certa dose de medo ante um futuro que ameaça destruir tudo o que foi conseguido não é de mais: «Se queremos construir um futuro melhor, devemos começar por apreciar em toda a sua dimensão a facilidade com que até as democracias liberais mais sólidas podem soçobrar. Para o dizer sem rodeios, se a social-democracia tem futuro, será como uma social-democracia do medo.»[18]

Montaigne percebeu que um pensamento dubitativo e modesto fortalece a liberdade interior da pessoa. Quando alguém duvida do pensamento hegemónico fá-lo a partir da liberdade. Mas a atitude dubitativa não tem de ser solitária. De facto, a democracia é aceite desde a Antiguidade Clássica, não por acreditarmos que é a melhor forma de governar, se comparada com a monarquia ou a oligarquia, mas porque é a mais adequada para o governo dos seres ignorantes e de conhecimento limitado que somos. Não há homens nem mulheres suficientemente sábios a quem confiar o governo com a convicção de que o exercerão bem. Por isso, para formar uma consciência livre, não basta desconfiar daquilo que nos é imposto, mas é preciso propagar a dúvida e propiciar a discussão para encontrar as melhores propostas e as razões que melhor as sustentem. Hannah Arendt, quando assiste ao julgamento de Eichmann, chega à conclusão de que o pensamento, aquilo que faz de nós humanos, foi o que faltou a todos os que secundaram o holocausto judeu, que pensar foi o que deixaram de fazer os que secundaram o holocausto judeu. «Parar para pensar» é o que se deve fazer, porque «quando se pensa, a experiência comum *des-aparece*. O gesto de pensar significa sempre um certo distanciamento em relação ao mundo das aparências, do comum». Isso é o que dá valor à política, explica muito bem Fina Birulés no seu último estudo sobre Arendt. Ao contrário da corrente que se impõe desde Platão, que dá valor à *theoria* e à contemplação porque apenas uns poucos a cultivam, Arendt está convencida de que

---

[18] *Ibid.*

54 | ELOGIO DA DÚVIDA

«felizmente, pensar não é prerrogativa de uns poucos, mas, sim, uma faculdade sempre presente em seres que nunca existem no singular e que se caracterizam pela sua essencial pluralidade».[19] Esse pensamento compartilhado é o núcleo da política. Ou deveria ser.

Birulés recorda que a conceção de Arendt da esfera pública foi interpretada como a combinação de dois modelos: o agonal e o associativo, ou dois modos de ação: o expressivo e o comunicativo. De acordo com o primeiro, a política seria feita de gestos heroicos por parte de indivíduos excecionais. Dar ênfase ao segundo significa compreender que o espaço público é um espaço deliberativo baseado na igualdade e na solidariedade, no intercâmbio de ideias e de pontos de vista.[20] Transfiramos a oposição para o conflito entre Antígona e Isménia, mencionado no capítulo anterior: a primeira reproduz o modelo agonal, enquanto a sua irmã representa o modelo associativo. É este último aquele que a democracia requer, o que está ao alcance de todos, aquele que evita as posições extremas que são a melhor forma de eludir o compromisso face às mudanças necessárias.

---

[19] BIRULÉS, Fina, *Una herencia sin testamento: Hannah Arendt*, Barcelona, Herder, 2007, pp. 62–65.

[20] *Ibid.*, p. 89.

3

MODEREMO-NOS

As terceiras vias não são atrativas. São próprias de tempos de incerteza, como o nosso, mas não agradam. Dão a impressão de ser um quero e não consigo ou não me atrevo, modos de reformar sem fazer muito barulho nem assustar ninguém. Talvez tenha sido sempre assim, tudo o que soa a moderação e a temperança vende mal. A moderação revela-se como a razão desprovida de paixão. As religiões proporcionam um exemplo claro: há fiéis moderados, que refletem e que não aderem aos dogmas sem antes se questionarem sobre em que é que se estão a comprometer, de onde vêm esses dogmas e a que poder servem. Mas nem o islão nem o catolicismo moderados interessam a ninguém. Não são notícia, porque a notícia prefere beber do escândalo. Quando teve lugar o atentado ao *Charlie Hebdo*, foi necessário chamar a atenção para os muitos muçulmanos que vivem em França e que não são cúmplices nem aprovam as atrocidades do islamismo radical. Quando em Espanha ocorrem disputas com a hierarquia eclesiástica católica a propósito, por exemplo, da legislação sobre o aborto, ninguém quer ouvir as vozes dos católicos que são contra o aborto no que a si diz respeito, mas que estão dispostos a aceitá-lo para os outros. Se nos fixarmos no desenrolar da política, os populismos extremistas e as propostas de secessionismo captam adeptos com grande facilidade, ao contrário das propostas que optam por medidas conciliadoras.

58 | ELOGIO DA DÚVIDA

É de novo Montaigne, e as suas dúvidas, quem nos ajuda a entender a moderação como o critério da forma de vida que mais nos convém para vivermos bem connosco mesmos e com os outros. Montaigne viveu numa época de extremismos religiosos, onde a maioria das guerras, se não todas, derivavam de conflitos entre as fações católicas e protestantes. Uma época em que era difícil convencer alguém do prazer que se pode retirar da mediocridade implícita à vida quotidiana, aquela que permite ao homem «conservar a sua humanidade» e seguir o conselho da prudência:

> «Não há nada de mais belo nem de mais legítimo do que agir bem e adequadamente como homem, nem ciência mais árdua do que viver esta vida bem e com naturalidade, e a maior das nossas enfermidades é menosprezar o nosso ser.»[21]

> «As vidas mais belas, para mim, são aquelas que se adaptam ao molde comum humano, com ordem, e sem nada de miraculoso nem de excentricidades.»[22]

Montaigne desprezava a figura do dogmático e aproximava-se da do sábio estoico: alguém que sabe moderar as suas emoções e exercita o bom senso. Foi uma *rara avis* ao não partilhar da adoração pela exaltação e pelo êxtase própria dos leitores do Renascimento, entre os quais ele se contava. Mas o seu olhar era diferente, porque, confessava com ironia, «os humores transcendentais assustam-me».

---

[21] MONTAIGNE, *Ensaios*, III, XIII.
[22] *Ibid.*

Ao contrário do que possa parecer, a sua atitude não era a de um conservador — nota Sarah Bakewell —, mas a de um rebelde; Montaigne rebelava-se contra os lugares-comuns do seu tempo. Não valorizava a exaltação e o ultraje, mas, antes, qualidades como «a curiosidade, a sociabilidade, a amabilidade, o companheirismo, a adaptabilidade, a reflexão inteligente, a capacidade de ver as coisas do ponto de vista do outro e a «boa vontade», todas elas coisas incompatíveis com a feroz fogueira da inspiração.»[23]

A mediocridade subscrita por Montaigne é a via para encontrar a liberdade interior. Stefan Zweig vê-o muito bem, na sua biografia do autor dos *Ensaios*, onde se refere às tribulações do filósofo como se fossem as suas próprias tribulações, pois também no tempo que lhe tocou viver na Europa do entreguerras as pessoas aderiam facilmente às obsessões dos fanáticos. Essas pessoas não seguiam a máxima de Montaigne quando diz que a pergunta necessária para manter a própria integridade não é «como sobreviver?» mas, sim, «como continuar sendo plenamente humano?». Não o seguiam, porque a essa pergunta ninguém sabe responder, cada um de nós deve encontrar a resposta em si mesmo. Manter a liberdade interior não é simples. Assim o vê Zweig:

> «Só aquele que tem de viver na sua alma aterrorizada uma época que, com a guerra, a violência e as ideologias tirânicas, ameaça a vida do indivíduo e, nessa vida, a sua mais preciosa essência, a liberdade individual, sabe quanta coragem, quanta honradez e determinação são necessárias

---

[23] BAKEWELL, Sarah, *Cómo vivir. Una vida con Montaigne*, Barcelona, Ariel, 2011, p. 249.

para permanecer fiel ao seu eu mais íntimo nestes tempos de loucura coletiva.»[24]

É já um lugar-comum assinalar, como fazem com frequência os opinadores, que os problemas complexos carecem de soluções simples. Problemas complexos não são a multiplicidade de coscuvilhices que monopoliza a atenção de uma atualidade política infestada de más práticas, mas aqueles que se colocam se as decisões tomadas pelos poderes políticos e fácticos são as que deveriam ser, do ponto de vista da justiça, da equanimidade ou da decência.

O bipartidarismo que sustenta as democracias habituou-nos a que nos movimentássemos entre dois polos sempre antagónicos: a autocomplacência de quem governa e a oposição sistemática dos restantes. Lamentamos não ter sido capazes de adquirir uma cultura do pacto que introduza no discurso público essa virtude que Rawls apontou como a marca do democrata: a razoabilidade. Detenhamo-nos por uns instantes no seu significado. Ser razoável não equivale a ser racional. A racionalidade é uma faculdade que acompanha a ação humana, que é uma ação teleológica, direcionada para fins determinados e para procurar os meios necessários para os alcançar. Somos racionais na medida em que somos capazes de estabelecer para nós próprios uns quantos objetivos e de disponibilizar os instrumentos mais eficazes para os atingir. A racionalidade é uma virtude instrumental. Foi a economia que analisou, nem sempre com sucesso, há que o dizer, os caminhos e carreiros da chamada «escolha racional», a mais eficiente para alcançar alguns objetivos que, por si só, não se discutem.

---

[24] Citado por BAKEWELL, Sarah, *op. cit.*, p. 270.

Essa razão instrumental, razão económica, foi severamente injuriada pelos filósofos da escola de Frankfurt, que viram nela o símbolo do fracasso do Iluminismo. Outra coisa é a razoabilidade, uma virtude que, no entender de Rawls, não devemos dar por garantida, porque ninguém a possui à partida, mas que pode ser adquirida se a isso nos determinarmos e num contexto em que se respeitem os princípios da justiça.

A razoabilidade é a condição necessária para pôr em comum as razões em que se apoiam as diferentes opiniões que entram em jogo a propósito de uma determinada questão. Ser razoável significa estar disposto a limar as posições extremas, a reduzir os antagonismos a um equilíbrio de forças em que todos os agentes se reconheçam como parte da solução acordada e em que nenhum deles se identifique inteiramente com o resultado acordado. Para ser razoável, explica Rawls, é preciso colocar de lado aquilo que ele chama de «doutrinas compreensivas» que não são outra coisa senão as ideologias ou as crenças sólidas que não admitem correção nem interpretação, as posturas inflexíveis que abortam qualquer tentativa de diálogo. Em qualquer disputa, as partes têm de ser capazes de apresentar razões, utilizando inclusive uma linguagem que o outro possa entender e aceitar. Caso contrário, o diálogo é de surdos, ninguém ouve ninguém, todos gritam para fazer ouvir o seu próprio ponto de vista.

As posições de princípio, as alusões a Deus, à Nação, à História, à identidade da raça, ou a qualquer outro ente maiúsculo, são um obstáculo intransponível para a discussão razoável. E o problema não é tanto o de ter princípios, mas, antes, o de não estar disposto a sujeitá-los à análise em circunstância alguma. Podemos estar convencidos — eu, pelo menos, estou — de que existem princípios errados. A meu ver, por exemplo, estão errados aqueles que acreditam que é um Deus que deve regular as relações humanas e ditar o bem e o mal; estão errados os defensores do ideal neoliberal de liberdade segundo o qual a redistribuição da riqueza deve ser apenas uma questão de caridade e não de justiça; estão errados os que apostam na independência da Catalunha como a única solução para um ordenamento territorial do Estado mais justo do que o que temos. Existem princípios errados, mas a liberdade de opinião é uma forma do direito à liberdade e deve ser permitido que uma pessoa se equivoque ao fazer uso dela. Isso não é condenável. O que é condenável e antidemocrático é que certos princípios deixem de ser vistos como crenças discutíveis e se instituam como atos de fé ou, pior ainda, como verdades universalizáveis. Somos livres de acreditar em Deus, de sermos neoliberais ou de sermos soberanistas. O que já não é uma questão de liberdade e é antidemocrático, porque não é razoável, é tentar alargar os dogmas que se professa ao conjunto da sociedade utilizando medidas de força física, política ou moral, e obviando uma discussão assente em razões e argumentos. As raízes do fanatismo — escreveu Richard M. Hare — encontram-se «na recusa ou na incapacidade de pensar criticamente».[25] E há fanatismo ou fundamentalismo a muitos níveis, não só religiosos, e nem sempre fora do enquadramento democrático. Por exemplo, salvar a vida do paciente é um princípio médico inquestionável, mas é um fanático o médico que o converte num princípio a qualquer preço, sejam quais forem as circunstâncias que

---

[25] HARE, Richard M., «Fanaticism and Amoralism», em *Moral Thinking*, Oxford, Oxford Univesity Press, 1981.

rodeiam a vida do paciente. Ou seja, não é o conteúdo dos princípios aquilo que torna uma pessoa fanática, mas a sua atitude perante esses princípios.

Por essa razão, mudar as atitudes para as adequar a um mundo que diz acreditar na democracia e na justiça como valores universais, tem vindo a ser o objetivo ético mais importante desde as origens do pensamento reflexivo. Ninguém como Aristóteles compreendeu que adquirir virtudes era o cerne da ética. Uma questão não tanto de normas e de deveres, mas de adequação da conduta ao que convém à comunidade e ao desenvolvimento do próprio ser. As quatro virtudes, que depois foram chamadas «cardinais» — a prudência, a justiça, a força e a temperança —, constituíram o núcleo da ética aristotélica e depois da moral cristã, entendidas como a maneira de ser e de viver imprescindíveis para nos aproximar dos objetivos de felicidade tanto individuais como coletivos.

Podemos discutir se são essas quatro virtudes ou se são outras as que hoje se encontram em falta. De Aristóteles para cá, as virtudes transformaram-se em qualidades não exclusivas de uns quantos homens livres, mas de qualquer cidadão de um estado de direito. Além das virtudes clássicas, hoje pede-se ao cidadão que seja tolerante, solidário, respeitador ou íntegro. O que não significa que aquelas virtudes se tenham tornado obsoletas. De facto, se as quatro tivessem sido levadas mais em conta nos últimos tempos, os danos da crise financeira recentemente vivida não teriam alcançado as dimensões que alcançaram. Não é exagero dizer que, no clima de desregulamentação e de irresponsabilidade que globalmente se impôs, sem que ninguém se atrevesse a traçar limites, não houve o menor vislumbre nem de prudência nem de temperança, que faltaram boas doses de força ou de coragem para tomar as decisões políticas que teriam sido necessárias para evitar os abusos, e que a justiça (ou a equidade) foi a virtude menos tida em conta pelas classes dirigentes, as únicas que têm em seu poder a possibilidade de estabelecer medidas redistributivas que corrijam os desmandos dos chamados «mercados».

O interessante das virtudes mencionadas, e da ética aristotélica em geral, é que a moderação é a regra. O «meio-termo», como dizia o filósofo, é o critério da virtude. Aprender a evitar o excesso e o defeito equivale a aprender a ser uma pessoa boa. A pessoa prudente é aquela que sabe governar-se pelo meio-termo, graças ao qual tomará as decisões adequadas. Isso requer uma sabedoria que não é somente teórica, mas também prática, uma sabedoria derivada do exercício constante e da boa vontade, para ajustar a conduta ao que deve ser, não ao mais apetecível em cada momento. Por sua vez, a temperança consiste em aplicar a justa medida aos desejos: «nada em excesso», como rezava o oráculo. Mesmo a coragem e a prática da justiça dificilmente prosperarão quando não são presididas por um cálculo que introduz a moderação nas decisões. Ser corajoso não é ser timorato. Para fazer justiça, é preciso moderar os impulsos naturais de favorecer primeiro os próximos em detrimento dos distantes. Um conceito grego, *sophrosyne*, resume aquilo que denominamos de prudência, moderação, temperança. É um valor contrário à *hybris*, que nomeia a desmesura e o excesso. Pela sofrósina alcança-se o equilíbrio, a harmonia de que o corpo e a alma necessitam para viver em sossego. Não esqueçamos que a ética aristotélica se apossa de muitas ideias da medicina da época, entendida como o equilíbrio dos diferentes humores do corpo.

Aristóteles foi o filósofo que soube centrar a ética na moderação, porque, ao contrário de Platão, preocupava-se mais com a realidade do que com as ideias. Preocupava-se com a experiência, como Montaigne. O palco da ética era, no seu entendimento, o do *ethos*, os costumes, não a razão ou o intelecto, pois uma pessoa torna-se virtuosa com a prática, não com o estudo nem com a contemplação teórica. O importante desta nuance nada trivial é que realça a distância entre a condição humana, que é finita e limitada, e a divina. Pierre Aubenque, em minha opinião um dos estudiosos de Aristóteles mais clarividentes, fez notar, melhor do que ninguém, a relação da prudência, uma virtude que se aprende com a prática, com a conceção que Aristóteles tinha da física e da contingência humana, num mundo que não escapa à fortuna nem aos vaivéns do acaso; isto é, a causas que a razão ignora e que poderá nunca vir a conhecer. De acordo com a doutrina aristotélica, no mundo supralunar, habitado pelos deuses, tudo é conhecido, tudo está ordenado, não há contingência nem a virtude faz falta. Mas no mundo sublunar, onde os humanos habitam, tudo é contingente e precário. Por isso é que aqui se impõe a prudência. É preciso ser prudente, porque não sabemos com certeza se agimos bem, se estamos a utilizar os melhores meios para alcançar o nosso fim neste mundo. Ser prudente implica ponderar, deliberar, confrontar opiniões, porque o meio-termo, a opção moderada, como se verifica em cada caso, nunca é o mesmo para todos nem em todas as situações. A virtude da prudência é uma peça fundamental da democracia ateniense, que instituiu um organismo, a Bulé, o Conselho dos Quinhentos, cuja função era deliberar antes de tomar decisões importantes: aquilo que deveria ser feito pelos atuais parlamentos democráticos em

66 | ELOGIO DA DÚVIDA

vez de se enredarem em discussões partidárias. É o que estão a tentar fazer, veremos se com sucesso, os partidos da «nova política» ao quererem pôr em prática a participação cívica como forma de tentar errar o mínimo possível nas suas políticas. A democracia é um regime medíocre, pese embora seja o melhor dos regimes possíveis. Medíocre, porque as decisões são confiadas às opiniões de intelectos limitados, que estão longe de ser omniscientes.

Aristóteles tem sido visto como um filósofo conservador, que não fez outra coisa senão ressaltar as *manners* próprias do *gentleman* do seu tempo, como observou Alasdair MacIntyre. Não estou a dizer que não seja verdade. Mas prefiro recorrer à interpretação de Aubenque, que vê na ética aristotélica não um «racionalismo triunfante», mas um «intelectualismo dos limites». A prudência aristotélica — a *phrónesis* — não é mera precaução por se ter medo de decidir, o que ela faz é levar em consideração o pressuposto de que o saber humano é limitado e de que se equivoca muito. Neste sentido, o pensamento aristotélico aproxima-se mais, sempre segundo Aubenque, do pensamento trágico porque «exalta o homem sem o divinizar; coloca-o no centro da sua ética, sabendo que a ética não é o mais alto, que Deus está acima das categorias éticas, ou melhor, que a ética se constitui na distância que separa o homem de Deus».[26]

Dito numa linguagem menos teológica: a ética é necessária porque nunca estaremos seguros de ter a razão do nosso lado. É por isso que ela tem de se basear na modéstia e na moderação. Essa lição parece ter sido bem aprendida

---

[26] AUBENQUE, Pierre, *La prudencia en Aristóteles*, Barcelona, Crítica, 1999.

por uma personagem que soube combinar exemplarmente a integridade e a firmeza ideológica com a moderação, o que lhe valeu críticas e acusações de conservadorismo por parte dos seus contemporâneos pouco moderados. Refiro--me a Albert Camus que, se não me engano, afirmava que, se existisse um partido daqueles que não estão seguros de ter razão, esse seria o seu. Camus foi um rebelde, mas não um revolucionário. Nunca permitiu que as razões da sua rebeldia o levassem longe o suficiente para fazer a revolução.

No primeiro volume da biografia, que não pôde continuar a escrever devido à sua morte prematura, *Le premier homme*, recorda a visita ao túmulo do seu pai, morto na guerra e que mal conheceu. Aí, diz, começou a sua rebeldia, que não era mais do que «a compaixão comovida que um homem feito sente diante da criança injustamente assassinada — algo nisso não estava de acordo com a ordem natural e, verdade seja dita, não havia ordem mas apenas caos, ali onde o filho era mais velho do que o pai». Uma rebeldia produzida pelo absurdo da existência, que, diz no *Mito de Sísifo*, «nasce do confronto entre a necessidade humana e o silêncio não razoável do mundo». A rebeldia reage contra o absurdo da existência, [contra] a incoerência entre a irracionalidade do mundo e o desejo humano de clareza. Como contrapartida, o rebelde vai à procura de uma unidade que resolva o caos. Mas a singularidade dele é que permanece na busca, porque a rebeldia é apenas um ponto de partida, não o fim da história: «Aceitar a absurdidade de tudo o que nos rodeia é um primeiro passo, uma experiência necessária, que não deve tornar-se um beco sem saída.» Nas revoluções planificadas, pelo contrário, a busca da unidade sucumbe ao afã de totalidade. A Revolução Francesa exigia a unidade da pátria. O marxismo procurava a

68 | ELOGIO DA DÚVIDA

reconciliação do racional e do irracional, da essência e da existência, da liberdade e da necessidade. Os fascismos quiseram salvar a pureza da raça. Mas, adverte Camus, «não há unidade que não implique uma mutilação»: a mutilação da individualidade e da liberdade. A liberdade está na origem de todas as revoluções, porque é um elemento imprescindível da justiça, até que chega o momento em que a revolução percebe, com surpreendente nitidez e sem sombra de dúvida, que esse ideal de justiça exige a supressão das liberdades. Quando a meta se torna clara, a coação da lei banaliza-se e desaparece. Como se relativiza o sofrimento dos que são sacrificados no caminho rumo ao advento da sociedade perfeita. Uma licença perigosa, porque «silenciar o direito até que seja estabelecida a justiça é silenciá-lo para sempre, uma vez que não haverá ocasião de falar se a justiça reinar para sempre». Onde haja a pretensão de que reine a justiça absoluta, o mundo emudece, pois «a justiça absoluta nega a liberdade».

Camus lutou toda a vida para manter esse princípio. Para o explicar, deu a volta à teoria segundo a qual o importante são os fins últimos que guiam a ação, enquanto os meios são meros instrumentos para um fim que tudo abençoa. É o inverso: «um fim que necessita de meios injustos não é um fim justo.» São os meios que prefiguram o fim, que nos dizem como é que ele deve ser entendido e que podem legitimá-lo. Quando as liberdades são anuladas, não voltam. Quando os procedimentos deixam de ser democráticos, porque desrespeitam as regras do jogo, nenhum resultado é legitimado. Jamais se tornará realidade a fórmula do comunismo segundo a qual «é preciso eliminar toda a liberdade para conquistar o Império e o Império um dia será a liberdade».

Camus rejeitou, em mais do que uma ocasião, o rótulo de existencialista. Não era partidário de ir descobrindo essências, uma vez que pensava que unicamente na existência é possível estas serem reconhecidas. Também não renegava uma hipotética natureza humana que unisse todos os homens, mas estava longe de pensar que alguém pudesse encerrá-la numa definição essencial. É o encontro com homens e mulheres de carne e osso, o encontro com condições de sofrimento e de injustiça, o que nos aproxima do significado dessas palavras imensas cuja grandeza, no entanto, será sempre uma «grandeza relativa». Mas, se as essências não são nada, Camus também não acredita que sejamos apenas existência. A sua radical rejeição do historicismo e da fé numa História que é fonte de valor deriva dessa convicção. Os valores pelos quais julgamos a História estão sempre fora dela. A rebeldia consiste precisamente na «recusa de sermos tratados como coisas e reduzidos à mera História». Além do que a História possa fazer com o ser humano, este aspira a ser algo mais, algo que não é passível de ser redutível nem previsto pela História.

Se Camus chegou a delinear uma ética, esta teve como critério a moderação. Afirmou que não pode haver uma moral sem realismo, dado que a virtude pura é inumana. Daí que a norma do humano tenha de ser a moderação, não a imoderação para a qual o desespero lança os revolucionários: uma «imoderação inumana». Se as revoluções fossem realistas, não negligenciariam a beleza e a criatividade de algo tão contingente e criativo como a arte, porque «os grandes reformadores tentam construir na História aquilo que Shakespeare, Cervantes, Molière, Tolstói souberam criar: um mundo sempre pronto a saciar a fome de liberdade e de dignidade que está no coração de cada

70 | ELOGIO DA DÚVIDA

homem». Uma vez que a contingência caracteriza a vida humana, desconfiemos daqueles que pretendem ter razão e falar em nome da verdade.

Tony Judt, no breve retrato que dedica a Camus em *The Burden of Responsibility*, descreve-o nestes termos: «Numa cultura tão resolutamente polarizada entre os extremos da direita e da esquerda, Camus era inassimilável [...]. O verdadeiro alvo de Camus não foi, claro está, a esquerda, mas o extremismo político em si mesmo. Em *A Peste*, a imagem persistente é a dos homens que vivem na moderação e no comedimento moral, que se mexem não por um ideal, mas, sim, contra a intolerância e a intransigência.»[27]

Camus não foi uma figura inativa, perdida num mar de dúvidas, pelo contrário. Foi uma figura incómoda para o politicamente correto da esquerda marxista. A dúvida é o princípio da crítica, da deliberação, da análise de nós mesmos. Não equivale à indiferença que parece propiciar o desconcerto do nosso tempo. E é um antídoto contra a busca de refúgio em soluções utópicas.

Voltemos ao passado e regressemos ao teórico da dúvida mais canónico: René Descartes. Em *O Discurso do Método*, depois de começar a enumerar as razões e os passos que devem ser dados para chegar à verdade, Descartes permite-se uma espécie de pausa, na terceira parte, para advertir do erro de permanecer irresoluto na ação enquanto não se encontrou a segurança no julgamento. Quando alguém decide remodelar a sua casa, explica, precisa de ter outra onde se abrigar enquanto duram as obras. De igual modo, no terreno moral, que é o guia da ação, não podemos estar

---

[27] JUDT, Tony, *The Burden of Responsibility*, University of Chicago Press, 2008, p. 123.

à espera de encontrar verdades absolutas, há que providenciar uma *morale par provision*, umas quantas máximas sensatas, úteis para continuarmos a agir e para ir analisando o que se deve fazer. Algumas regras que nos dotem de uma certa orientação; regras, portanto, «provisórias», suscetíveis de serem modificadas à medida que formos descobrindo que não são as adequadas; pois «tendo Deus concedido a cada um alguma luz para discernir o verdadeiro do falso, eu não teria julgado dever contentar-me, um só momento, com as opiniões de outrem se não me tivesse resolvido empregar o meu próprio juízo a examiná-las, na devida altura; e não teria sabido livrar-me de escrúpulos em segui-las, se não esperasse não perder com isso alguma ocasião de encontrar outras melhores, se acaso as houvesse.»[28]

O recurso de Descartes à *morale par provision* sempre me pareceu próximo do «enquanto» em que se apoia Espinosa para justificar a construção do Estado. Sustenta este filósofo que os conceitos éticos, e mesmo os estéticos — bem, mal, perfeição, liberdade, beleza, etc. — são parte de um conhecimento não alcançado, o conhecimento «imaginativo», que constitui um estado inferior em direção ao conhecimento racional que conhece «as causas dos nossos afetos e que descreve a realidade em vez de a julgar». Pois bem, Spinoza reconhece que os homens raramente vivem «segundo a orientação da razão» e, não obstante, é preciso continuar a viver e a fazê-lo o melhor possível. Assim, conclui: «o melhor que podemos fazer, enquanto não temos um conhecimento perfeito das nossas afeções, é conceber uma correta norma de viver, por outros termos, regras de vida precisas, e retê-las

---

[28] DESCARTES, René, *Discurso do Método*, Terceira parte, Edições 70, 2019, p. 43. Tradução de João Gama. Introdução e notas de Étienne Gilson.

72 | ELOGIO DA DÚVIDA

na memória e aplicá-las continuamente às coisas particulares que se apresentam frequentemente na vida, de maneira que a nossa imaginação seja profundamente afetada por elas e que elas nos estejam sempre presentes.»[29] Nem Descartes nem Espinosa desconfiam do poder da razão para chegar à verdade. Dizem apenas que a meta está longe e que, entretanto, há que nos agarrarmos ao que quer que seja para continuarmos a agir. A limitação da nossa condição humana obriga-nos a lançar mão de um conhecimento «imaginativo, ou seja, dialogante, passível de revisão, precário».[30] O grande valor que nos é outorgado e que nos confere dignidade como humanos é a autonomia para escolher e decidir, com todos os riscos que isso implica.

Sirva como colofão desta apologia da moderação, este outro parágrafo de Montaigne:

> «O povo engana-se. É muito mais fácil andar pelas margens, onde os extremos servem de limite, de freio e de guia, do que pela via do meio, larga e aberta, e mais segundo a disposição própria do que segundo a natureza; mas é também muito menos nobre e menos digno de elogio. A grandeza da alma não reside tanto em elevar-se e em avançar, mas em saber manter-se em ordem e circunscrever-se. Tem por grande tudo aquilo que é suficiente. E mostra a sua elevação ao preferir as coisas medianas às eminentes.»[31]

---

[29] ESPINOSA, *Ética: Demonstrada à Maneira dos Geómetras*, Coimbra, Biblioteca Filosófica Atlântida, Direção de Sílvio Lima, 1966, Parte V — «Da potência da inteligência ou da liberdade humana», Proposição X, Escólio, p. 116. Tradução de António Simões.

[30] A autora desenvolveu esta ideia em *La imaginación ética*, Seix Barral, Barcelona, 1983.

[31] MONTAIGNE, *Ensaios*, III, XIII.

4

A PROCURA DA VERDADE

Houve sempre céticos entre os filósofos. O desejo de saber, que impulsiona o desenvolvimento da filosofia, correu sempre lado a lado com a incerteza relativamente ao valor e ao fundamento das descobertas cognitivas. A tarefa do filósofo manifestou-se muitas vezes como uma sucessão de interrogações que Kant sintetizou na perfeição: O que podemos conhecer? O que devemos fazer? O que temos nós o direito de esperar? E, por fim, a pergunta decisiva: O que é o homem? As perguntas kantianas resumem um pensamento que se desenvolve por tentativas e que se distingue das ciências empíricas que partem do princípio de que as suas teorias serão corroboradas ou refutadas pelos factos, enquanto a filosofia se refere pouco a factos concretos e especula com total liberdade. A filosofia tem de aceitar que as suas teorias são simples opiniões ou crenças, melhor ou pior argumentadas, mas crenças em última análise.

Ainda assim, precisamos de pontos de apoio, de uma série de convicções firmes, estabelecidas e aceites, que nos permitam continuar a discorrer sem ter de recomeçar em cada caso. O que Descartes fez, duvidar de tudo como método para encontrar uma ideia clara e verdadeira, não seria o mais conveniente para tempos pragmáticos como o nosso. Tampouco é levar o ceticismo ao extremo a que o leva Hume, quando coloca em causa, por exemplo, o método indutivo em que se apoia a ciência empírica,

76 | ELOGIO DA DÚVIDA

porque consiste numa soma de experiências inevitavelmente contingentes. Sabemos que o Sol nasce todos os dias porque foi assim até agora, mas quem nos garante que voltará a nascer amanhã? É assim que Hume coloca as coisas. A dúvida sobre a validade da indução leva a concluir que os factos nunca serão base suficiente para estabelecer leis necessárias. Nem o são para universalizar os nossos juízos de valor. Em conclusão, nem a necessidade física expressa nas leis, nem a universalidade ética a que aspiram os juízos de valor são metas do saber que possamos fundamentar definitiva e satisfatoriamente.

Bernard Williams começa o seu livro, *Verdad y veracidad*[32], com a asserção de que no pensamento moderno confluem duas tendências aparentemente contrárias. Uma delas é a vontade expressa de descobrir a verdade, de não deixar enganar-se nem ser manipulado, de ir além do que as aparências mostram. A procura de transparência que começou por ser considerada como a primeira qualidade da boa política responde a esse interesse. No entanto, esta exigência subsiste com a desconfiança generalizada em relação à possibilidade de encontrar alguma verdade. As investigações históricas, por exemplo, mostram o embate entre ambas as tendências. Interpretações contrárias ou divergentes sobre os mesmos factos parecem dar por adquirido que tudo é relativo e que a subjetividade dos olhares individuais, ou ideologicamente determinadas, é intransponível. Ainda assim, resistimos a conformar-nos com a ideia de que as diferentes visões não possam ser confrontadas com uma verdade objetiva sobre os dados. Existe a verdade ou existe unicamente a disposição para a encontrar, para dizer

---

[32] WILLIAMS, Bernard, *Verdad y veracidad*, Barcelona, Tusquets, 2006.

a verdade, aquilo que veio a chamar-se «veracidade», e que se aproximaria mais da sinceridade?

Que uma certa verdade existe demonstra, por exemplo, a rejeição generalizada que merecem os chamados negativistas e criacionistas. Os que se obstinam em negar que o holocausto judeu tenha alguma vez existido, os que se agarram ao mito bíblico da criação do mundo em detrimento da teoria da evolução, são chamados por todos, exceto pelos próprios, de ignorantes ou farsantes. Recusam-se a reconhecer o óbvio, aquilo que já não deveria ser posto em dúvida. O mesmo se aplica, por exemplo, aos direitos humanos. A alegação de Montaigne de que chamamos «bárbaro» ao que desconhecemos não se aplica, nos nossos dias, a certos fenómenos de barbárie. O exemplo mais próximo que temos é o do terrorismo islâmico que, como qualquer forma de terrorismo, viola e minimiza o direito mais básico, o direito à vida. Alguma verdade tem de nos servir de apoio para distinguirmos a civilização da barbárie. Essa verdade está hoje resumida nos artigos que compõem a Declaração Universal dos Direitos Humanos.

Costuma dizer-se que as perguntas da filosofia são perenes, que são aporias e que são universais. Elas são assim, efetivamente, porque carecem de respostas definitivas, porque tendem a dar lugar a afirmações aparentemente contraditórias e porque são inerentes ao discorrer humano. A questão do significado da justiça encontra-se já nos pré-socráticos e continua a ser uma questão central da filosofia do nosso século, com formulações e interesses novos, adequados a cada época, mas sem que esmoreça o conceito original de justiça. O que é a justiça? Dar a cada um o que é seu? E se quem reclama o que é seu é um delinquente, e aquilo que reclama uma arma, haverá também que lho dar? Com esta pergunta começa *A República*, de Platão e, até agora, não fomos capazes de encontrar uma definição de justiça ao gosto de todos. Exemplo do questionar filosófico são as questões da filosofia crítica de Kant, mencionadas mais acima. De todas elas, disse-o ele mesmo, a mais importante é a última: «O que é o homem?» Com efeito, qualquer filosofia pode ser entendida como a tentativa sustentada de desvendar em que consiste isso a que chamamos de condição humana. Não a «natureza humana», que tal coisa não existe desde que descartámos por inválida uma hipotética «lei natural» como base dos deveres mais intrínsecos ao ser humano. O que há que investigar é a «condição humana»; a saber, como é que concebemos e como é que devemos continuar a conceber aquilo a que chamamos de «humanidade». Como recordou Eugenio Trías[33], é isso que Ortega y Gasset se pergunta em *El tema de nuestro tiempo*: qual é o perfil característico do homem do século xx, que Ortega caracterizou como o «homem-massa».

A questão em torno da condição humana como questão filosófica mescla inevitavelmente o que o homem é e o que deveria ser. É uma pergunta ética. Não se limita a descrever funções ou condutas, mas a confrontá-las com uma ideia perpassada por valorizações, uma ideia normativa. Para o formular com linguagem kantiana, o *fenómeno* humano contém um *númeno* que não apreendemos mas a partir do qual julgamos a pertinência dos fenómenos, daquilo que aparece e apreendemos. Pois bem, um dos parágrafos da *Antropologia* de Kant assinala, com clareza, que esse *númeno* reside nas palavras. Apesar de todas a degradação que a condição humana revela, lê-se ali «restam-nos as palavras», palavras que nos despertam e desvelam o engano e a inadequação entre aquilo que deveria ser e a forma como

---

[33] TRÍAS, Eugenio, *El hilo de la verdad*, Barcelona, Destino, 2004, cap. III.

vivemos permanentemente. Essas palavras que são construções humanas, sociais, dotadas de significados voláteis, estão aí para estabelecer limites, para recordar que nem tudo é lícito. Dignidade, liberdade, igualdade, os pilares dos direitos humanos são conceitos abstratos, mas não abertos a interpretações totalmente arbitrárias.

Conta Anthony Pagden, na sua tentativa de resgatar os valores do Iluminismo, que alguns iluministas, como Montesquieu e Diderot, foram acérrimos detratores da cultura chinesa, ao contrário de outros contemporâneos seus que a admiravam. Não pelo facto de ser exótica nem muito diferente da nossa (Montesquieu destacou-se precisamente no esforço de mostrar o absurdo do pensamento etnocêntrico), mas por certas particularidades que faziam dela intelectualmente pobre e curta de vista. Uma delas era a escrita. Uma civilização que não tinha sido capaz de inventar o alfabeto (uma «invenção quase divina», segundo Commodore Anson) estava condenada a investir grande parte da sua vida na aprendizagem dos símbolos necessários para poder referir-se a cada minúcia da vida. «Careciam dos recursos e da inclinação não apenas para interpretar, mas também para desafiar a ciência herdada de séculos passados.» A única ciência que podiam ter — pugnava Diderot — era a da linguagem, e uma linguagem «reduzida ao suficiente para a vida quotidiana». Quando o homem ascende ao conhecimento científico, acrescentava mais tarde Wilhem von Humboldt, «a escrita pictográfica não consegue, pura e simplesmente, sobreviver por muito tempo». Em suma, a linguagem dos chineses era «uma linguagem petrificada».[34]

---

[34] PAGDEN, Anthony, *The Enlightenment: And Why It Still Matters*, Nova Iorque, Random House, 2013, cap. 6.

80 | ELOGIO DA DÚVIDA

A crítica recorda-me o conto de Jorge Luis Borges, «Funes, ou a memória»[35], uma personagem capaz de recordar com todos os detalhes e singularidades todos os instantes da sua existência. Uma memória tão prodigiosa não é nenhuma vantagem mas um empecilho, uma vez que destrói a capacidade de pensar ao impossibilitar o recurso à analogia entre as diferentes coisas, afinal aquilo que torna possível a abstração. Nietzsche, na sua crítica corrosiva e generalizada, arremete contra a verdade em geral, porque a sua base é a linguagem que se alimenta de abstrações. Unicamente o nome próprio nomeia um único indivíduo e diz quem ele é. Pelo contrário, os nomes, não por acaso chamados «comuns», são generalidades — árvore, cor, honradez — e, como tal, não conseguem dar conta da individualidade de cada árvore, de cada uma das cores com os seus diferentes matizes, de cada exemplo de honradez, porque cada uma dessas singularidades é única, irrepetível e inominável a partir da abstração.

Mas Nietzsche estava enganado quando dizia que «não há factos, apenas interpretações». Ou não matizava o suficiente. Os factos chegam até nós interpretados, é verdade, e qualquer interpretação é seletiva, mas isso não significa que não existam. Em todo o caso, essas interpretações também aspiram a um grau maior ou menor de verdade, baseado não tanto em factos puros inacessíveis ao conhecimento, mas, sim, no consenso, nas regras da própria linguagem, graças às quais, como soube explicar melhor do que ninguém Wittgenstein, conseguimos entender-nos. Mais para a frente, deter-me-ei longamente nesta questão

---

[35] Borges, Jorge Luis, «Funes ou a memória», em *Ficções*, Lisboa, Quetzal, 2013. Tradução de José Colaço Barreiros. Revisão de João Assis Gomes.

fundamental para determinar as verdades da ética e da política.

Pode ser que os direitos humanos sejam ficções, «ficções em andas», como os caracterizou Bentham, para pôr em evidência a sua pouca utilidade prática. Mas são ficções acordadas maioritariamente como necessárias para que a condição humana não perca a dignidade que lhe foi dada. Assim o entendia Pico della Mirandola, na melhor definição de dignidade jamais dada. O homem — escreveu na *Oratio* — tem uma dignidade que falta às bestas (animais não humanos, diz-se hoje), porque é livre de escolher como viver, e, ao fazê-lo, pode elevar-se ou descer, elevar-se ou rebaixar-se. Os direitos universais e os valores que os sustentam marcam os padrões que nos permitem decidir se a condição humana se eleva ou se deteriora.

São ou não universais os direitos humanos? *De iure*, sim, são exigências declaradas como intrínsecas ao que significa ser humano. *De facto*, é evidente que estão muito longe de se verem realizadas. Mas não devemos confundir os dois níveis. A linguagem valorativa — a dignidade, a liberdade e a igualdade, para nos limitarmos ao mais básico — é normativa, expressa um dever ser, não nomeia o que é nem o que há. É essa linguagem que, no entender de Kant, permanece e que nos permite valorar o que se passa. Esses valores básicos são, pois, universais enquanto deveres ou exigências. E são-no porque definem o que deve ser a condição humana.

Um dos filósofos que no mundo contemporâneo melhor representou o espírito pragmático e cético da pós-modernidade foi Richard Rorty. Ninguém como ele pôs mais em causa a aspiração a reivindicações universais, própria da filosofia, como uma aspiração inútil. Tão inútil como a própria filosofia — que ele não deixou de fazer, diga-se de passagem. Conhecida é a asserção que deu título a um dos seus mais celebrados ensaios, «A democracia antes da filosofia». Herdeiro da tradição pragmática de John Dewey, Rorty sempre desconfiou da teoria e das fantasias filosóficas, sublinhando que a prática é a melhor maneira de convencer de uma alegada verdade. É nesse sentido que é preciso entender também a sua afirmação: «Se nos preocuparmos com a liberdade, a verdade ocupar-se-á de si mesma.» Em termos concretos, não podemos exprimir-nos livremente contra o sexismo, o racismo, o fanatismo, a pobreza, sem nos referirmos aos efeitos degradantes, indignos, dessas formas de discriminação. Aí está, pois, a verdade como produto da liberdade de expressão. Os direitos humanos são, na opinião de Rorty, «tão pouco "objectivos" como os *quarks*, mas uns e outros são indispensáveis nos debates do Conselho de Segurança das Nações Unidas ou nos da Royal Society.»[36] Ou seja, os direitos humanos contribuíram para tecer uma ideia de moralidade que é a mais aceite, a mais convincente de entre tudo o que fomos capazes de conceber.

Algo semelhante diz Stephen Toulmin no seu *Regreso a la razón*, onde se propõe reconciliar o racionalismo com o pragmatismo. Existem princípios racionais, mas o que a filosofia deve fazer é saber adaptá-los a situações novas sem, contudo, renunciar a eles. Toulmin analisa o desenvolvimento que a filosofia moral experimentou ao procurar responder às interrogações resultantes da prática médica e da biomedicina, à medida que os doentes e a sociedade em geral se tornaram mais autónomos para tomar decisões

---

[36] RORTY, Richard, *Verdad y progreso*, Barcelona, Paidós, 2000, p. 19.

e mais exigentes para com os serviços de saúde e em relação ao investimento público em investigação. Não é fácil combinar a capacidade técnica da medicina com a sabedoria moral que o filósofo pode trazer. A chamada «ética aplicada» não pode fechar-se numa argumentação teórica alheada das interpelações práticas. Não consiste — explica Toulmin — na aplicação de cálculos racionais, mas em «respostas do coração» relativamente à perceção do abandono, da indigência, da crueldade e de toda a espécie de maldades. Toulmin recorda-nos o que disse Aristóteles: que «a crueldade se reconhece ao vermo-la», da mesma forma que reconhecemos um triângulo.[37] Existe um debate, entre os especialistas em bioética sobre se esta deve basear-se em grandes princípios ou antes partir da realidade, da análise de casos concretos. Na realidade, não são duas opções excludentes, mas, sim, complementares. Partir do caso concreto, analisá-lo e avaliá-lo, implica levar em consideração valores inquestionáveis, da mesma forma que um médico, para fazer um bom diagnóstico e adotar um tratamento, não pode prescindir do conhecimento científico que avaliza ambas as coisas. Mas também é verdade que, se especularmos unicamente com os princípios com o intuito de decidir, em abstrato, o que é a justiça, a igualdade ou a dignidade, se não fizermos o esforço de descobrir em que medida esses princípios falham nas situações concretas, a especulação teórica perde grande parte do seu sentido e influência.

Voltemos ao pensamento iluminista, mesmo transitando por carreiros pós-modernos. Se a crueldade se reconhece ao vermo-la ou, como diz Rorty, se ser liberal

---

[37] TOULMIN, Stephen, *Regreso a la razón*, Barcelona, Península, 2003.

significa acreditar que o pior deste mundo é a crueldade, essa convergência de pontos de vista só pode dever-se à humanidade que temos em comum, à inter-relação e à «simpatia» que existe como um dado indiscutível entre seres da mesma espécie. Algo nos une, e a filosofia — também a política — está aí para o descobrir, para o nomear e para mostrar aquilo que o torna válido e digno de ser conservado. Se algo significa que somos racionais, e que a racionalidade, o *logos*, se manifesta no uso da linguagem, tem de ser possível distinguir a razão da insensatez, afirmar que a declaração dos direitos humanos é a expressão mais idónea da racionalidade humana. Sermos plurais não significa sermos irredutivelmente diferentes, mas, sim, descobrir que existe um fundo comum a partir do qual é possível conciliar as diferenças através do debate, da conversa e do diálogo. Graças aos diferendos e às discrepâncias, a democracia funciona como busca do bem comum.

Protágoras, o maior dos sofistas, é sobretudo conhecido pela sua rotunda afirmação de que «o homem é a medida de todas as coisas». Essa referência ao «homem» deve ser entendida não em apoio a um relativismo que aponta cada indivíduo como medida e critério de realidade ou de valor, mas, sim, ao ser humano de uma forma geral. A afirmação de Protágoras é o precedente daquilo que depois foi chamado de «construção social da realidade», a tese segundo a qual não existe uma realidade à margem da nossa forma de a ver e interpretar. Para poder sustentar certas verdades que nos permitam progredir no conhecimento, não há outra maneira senão apelar a que todo o conhecimento é intersubjetivo, que é a inter-relação e a interdependência entre os sujeitos aquilo que vai estabelecendo os padrões do que podemos tomar por válido. A esse respeito, os sofistas,

protagonistas do primeiro Iluminismo, o da Atenas do século v a. C., tinham muito claro que nos movimentamos no âmbito da *doxa*, das opiniões, mais do que no da *episteme*. Para eles, as leis que diferenciavam o certo do errado eram *nomoi*, pertenciam ao terreno do convencional e não ao do natural ou da *physis*. Isso explica que os *nomoi* diferissem consoante as culturas, uma vez que povos diferentes têm necessidades e leis diferentes. Em *O Filósofo Ignorante*, Voltaire estabelece uma «tábua de dúvidas», das quais umas quantas se referem à moral. É universal, a moral? A noção de justo e de injusto existe em todas as culturas? Desde quando? Desde o momento — responde — em que descobrimos que dois e dois são quatro:

> «Creio que as ideias de justo e de injusto são tão claras, tão universais, como as ideias de saúde e de enfermidade, de verdade e de falsidade, de conveniência ou de inconveniência. Os limites do que é justo e do que é injusto são muito difíceis de estabelecer; como é difícil marcar a fronteira entre a saúde e a enfermidade, entre o que convém e o que não convém, entre o falso e o verdadeiro.»[38]

Com efeito, a teoria de que cada cultura gera as suas próprias leis tendo por base uma singular visão da realidade não é inconciliável com uma outra de que deve existir uma «humanidade comum» que torne possível considerar as diferenças a partir de uma perspetiva humana única. Foi esse o sonho de Kant e da razão iluminista. O próprio Protágoras tem uma das suas discussões mais brilhantes, no *Protágoras* de Platão, a respeito da possibilidade de ensinar a virtude.

---

[38] VOLTAIRE, *Le philosophe ignorant*, Paris, Flammarion, 2009, p. 88.

86 | ELOGIO DA DÚVIDA

Para sustentar a tese de que a moral, ou a virtude, são absolutamente necessárias, recorre ao mito de Prometeu onde se relata como, ao receberem de Prometeu a técnica, os homens foram capazes de se abastecer do imprescindível para sobreviver. Proveram-se de alimentos, vestuário e casas, aprenderam a falar e a comunicar entre eles, mas viviam dispersos, sem cidades, pois embora detivessem a técnica, faltava-lhes a «arte da política». Tal situação, que ameaçava a espécie humana com a extinção, levou Zeus a enviar Hermes à terra para outorgar aos homens duas virtudes morais, o respeito mútuo e a justiça, com a indicação de que ambas as virtudes deveriam ser compartilhadas por todos os homens, e não apenas por uns quantos, pois «não poderia haver cidades se só alguns as possuíssem». É essa forma que Protágoras encontra para explicar que as virtudes básicas, a essência da moral, não são intrínsecas a uma alegada natureza humana, mas que devem ser adquiridas por todos e cada um de nós. É uma maneira de dizer que, no mundo civilizado, todos as devem possuir num ou noutro grau, ainda que não sejam inatas nem conaturais ao ser humano[39].

Protágoras oferece-nos assim uma excelente explicação da universalidade dos valores básicos da moral, dos quais apresenta uma justificação pragmática, a saber, a de que unicamente aceitando-os se cumpre o *telos* da vida social humana, que é a convivência em paz e o bem-estar. Salvaguardando as devidas distâncias, a proposta do sofista é a mesma que depois farão Kant e os filósofos iluministas do século XVIII a respeito da construção de imperativos éticos derivados do uso da razão.

---

[39] GUTHRIE, W. K. C., *The Sophists*, Cambridge University Press, 1971, pp. 65–66.

Só o caráter abstrato dos valores que definem a ética — respeito, dignidade, liberdade, igualdade — permite considerá-los como «verdades» e elevá-los a valores universais, entendendo por valores universais aqueles valores sem os quais a ética não pode ser concebida. Isso não obsta, como disse há pouco, a que aceitemos, ao mesmo tempo, uma grande variedade de interpretações do sentido que devem ter esses mesmos valores básicos em cada contexto. A Declaração dos Direitos Humanos, de 1948, é mais abrangente do que a Declaração dos Direitos do Homem e do Cidadão, de 1789. Os valores fundamentais que hão de formar o núcleo duro da ética evoluíram e ampliaram-se, mas permanecem vagos quanto à interpretação e à sua realização concreta. Aristóteles dizia que a ética não trata dos fins, mas dos meios. O fim da humanidade, do ponto de vista moral, é o de um mundo em paz e bem-estar generalizado, de igualdade e liberdade, de justiça. Essa é a verdade da ética, o *telos* da existência humana. A tarefa da filosofia é torná-lo patente, e a tarefa da política é descobrir como o fazer.

As atitudes fanáticas confundem fins e meios. Partem do princípio de que, conhecido e estabelecido o fim, e tomando por óbvio que este é bom, qualquer meio vale para o atingir. A ética laica, e a democracia, aceitam a incerteza e a dúvida, aceitam a pluralidade de opiniões relativamente à melhor forma de entender os valores fundamentais. Não subscrevem a máxima de Napoleão, de que «o que é bom para os Franceses é bom para todos». Habermas encarregou-se de deixar bem claro que o desenvolvimento da ética, a discussão pretensamente racional, só pode basear-se na comunicação, no confronto de subjetividades, sobretudo quando vivemos num tempo em que

88 | ELOGIO DA DÚVIDA

«já não podemos partilhar da certeza teórica de Marx nem da sua confiança revolucionária», como escreve Richard Bernstein. Não temos outra opção — acrescenta o filósofo — senão a de ir além da objetividade e do relativismo, aquilo que têm vindo a fazer filósofos contemporâneos tão decisivos como Gadamer, Rorty, Arendt e Habermas.[40]

Também não podemos confiar em demasia na provocativa sentença de Rorty de que basta a liberdade para que a verdade se revele. Pelo contrário. O preço que pagamos pelo alargamento das liberdades é, precisamente, a proliferação dos fanatismos, das propostas racistas, de expressões que estão nos antípodas dos valores éticos essenciais. Não que seja preciso renunciar à liberdade, mas, sim, aprender a conjugá-la com os restantes valores que também são fundamentais. E esses valores, ainda que pareçam apenas palavras sem efeito, devem ser mantidos a todo o custo, como os referentes sem os quais não é possível comparar os discursos do nosso tempo. Bernard Williams reforça esta ideia quando escreve: «Não podemos tomar como certa a otimista conclusão de Mill de que a liberdade de expressão levada ao expoente contribuirá necessariamente para o emergir da verdade no que se conveio chamar o "mercado das ideias".»[41] Com efeito, a busca da verdade não vinga, como faz o mercado, aplicando a lei da oferta e da procura, onde predomina o ruído e onde as mensagens competem entre si para atrair a atenção e anular as demais. O consenso generalizado nem sempre é prova de que se progride rumo à verdade.

---

[40] BERNSTEIN, Richard, *Beyond Objectivism and Relativism*, Cambridge University Press, 1983.

[41] WILLIAMS, Bernard, *op. cit.*, p. 206.

Tampouco é garantia de verdade a laicidade em oposição à dependência de uma fé religiosa. As religiões trouxeram ideias para o estabelecimento dos valores éticos universais, que foram incorporadas ao acervo geral porque valiam por si mesmas. A União Europeia fracassou no intento de redigir uma constituição satisfatória para toda a União, entre outras razões, por causa da recusa por parte de alguns governos em reconhecer a raiz cristã dos valores fundamentais da Europa. A recusa revelava a incapacidade de eliminar dois preconceitos irreconciliáveis: o de considerar que a verdade religiosa era o princípio dos valores do Ocidente, e o de assumir que tudo o que as religiões produziram é imprestável do ponto de vista racional.

O que o Iluminismo fez foi substituir uma visão cristã da condição humana por outra menos dogmática, para afirmar a existência de direitos que nos vinculam a todos em virtude da nossa humanidade.

Isso foi possível — observa Padgen —, porque o Iluminismo foi «um momento de transformação e de consolidação, não um momento de revolução».[42] Por isso foi desvalorizado por românticos e marxistas e considerado um fracasso. Mas enganaram-se. O Iluminismo criou o mundo moderno ao eliminar o dogmatismo religioso e ao colocar no centro o ser humano como artífice de uma natureza inacabada.

---

[42] PADGEN, *op. cit.*, loc. 7657.

5

OS DOGMAS DA TRIBO

Sob o nome de «ídolos», Francis Bacon, designou, no seu *Novum Organum*, todas aquelas ideias que obnubilam o entendimento com um viés que distorce a perceção da realidade. Bacon identificou quatro ídolos: (1) os ídolos *da tribo*, comuns ao género humano; (2) os ídolos *da caverna*, que provêm da educação e dos hábitos inculcados; (3) os ídolos *do fórum*, que estão no uso da linguagem; (4) os ídolos *do teatro*, produzidos por falsas filosofias. Os ídolos de Bacon seriam aquilo a que vulgarmente chamamos «preconceitos», ideias que consideramos válidas sem as submetermos a análise. Um filósofo iluminista, o barão D'Holbach, referiu-se aos preconceitos como «a verdadeira causa dos males que afligem, de todos os lados, a Humanidade». Anthony Padgen, de quem tirei a citação anterior, esclarece que «prejuízo» é um termo jurídico romano que indica o estado em que se encontra um caso antes do juízo. Às condicionantes que determinam a nossa maneira de ver as coisas, e que podem contribuir para que as prejulguemos, chamam-se hoje *frames of mind*, quadros mentais que atuam à laia de filtros da perceção da realidade. Não são propriamente preconceitos, mas convém expô-los com vista a conseguir uma visão menos parcial das coisas.

A despeito das tentativas dos iluministas de limpar o pensamento de todos os ídolos que pudessem turvar o uso da razão, os preconceitos não desapareceram. Pelo contrário,

94 | ELOGIO DA DÚVIDA

podemos mesmo pensar que, em épocas de incerteza, proliferam e respondem à necessidade do indivíduo de encontrar refúgio em formas de pensar comuns e pré-fabricadas, que lhe proporcionam uma certa segurança. Durante séculos, foram as religiões com os seus dogmas as fábricas de preconceitos. Uma vez privatizada a religião e convertida a fé numa opção individual e voluntária, houve que encontrar outras referências sociais ou culturais que outorgassem o conforto que antes proporcionava a religião. É o que Erich Fromm chamou de «medo da liberdade», que faz com que as pessoas abracem crenças nas quais se sustentem. O medo da liberdade deu azo às crenças comunistas e fascistas, ideologias com poucas ambiguidades e uma linha de atuação clara. As ideologias fortes são perniciosas, mas a falta de ideias que ajudem a sistematizar o que acontece coloca o indivíduo numa situação de desamparo. Alasdair MacIntyre, autor do celebrado livro *After Virtue*, baseia a sua teoria do fracasso do Iluminismo precisamente na incapacidade que este revelou de proporcionar referências concretas aos indivíduos, referências a partir das quais fosse possível construir uma identidade moral. O pensamento abstrato, que deu lugar aos grandes valores de que se nutrem os direitos humanos, carece dessa propriedade, o indivíduo não se sente identificado com o abstrato, mas, sim, com o concreto. Por isso MacIntyre propõe o retorno à comunidade, a formas de vida fechadas, similares às dos conventos religiosos, que proporcionam aos indivíduos um ambiente favorável, acolhedor e propício ao cultivo da virtude, e lhes poupam o esforço de se perguntarem o que é preciso fazer e como é que devem ser num mundo caótico e confuso.

É escusado repetir, porque já foi dito à saciedade, que os nacionalismos românticos, surgidos não por acaso na sequência da ressaca do fervor iluminista, suplantaram, em certa medida, o que foi capaz de fazer a fé religiosa. A vinculação à pátria, a pertença a um mundo exclusivo de uns poucos, marcado por uma cultura, uma língua, costumes próprios, o amor ao que é de um e não de todos, conseguiu a coesão que as sociedades modernas precisavam para se defenderem a si mesmas, para competir comercialmente e assegurar a sobrevivência. Escusado será também dizer que, uma vez ultrapassadas as guerras de religiões que assolaram a Europa durante séculos, as guerras do século xx foram guerras entre nações provocadas principalmente pelos imperialismos nacionalistas.

É preciso «aprender a repudiar o que é próprio para chegarmos a conhecê-lo bem», escreveu Sánchez Ferlosio. Fazer dos sentimentos os elementos da argumentação não é conveniente. As abstrações têm uma função no conhecimento, mas «não devem descer ao coração».[43] Para repudiar o que é próprio, há que o analisar, há que pensar. Aqui o mestre é, sem dúvida, Sócrates, com a imagem do ferrão do moscardo que faz com que a alma desperte e comece a pensar. Sócrates insiste nessa imagem sabendo que o pensamento provoca insegurança e mal-estar, porque tem de questionar as opiniões e as crenças que foram aceites sem crítica alguma. «Pensar — dizia Nietzsche — tem a mesma raiz que "pesar": quem pensa sopesa, avalia, duvida.»

Para melhor calibrar o imperativo iluminista de submeter a juízo os dogmas, os preconceitos ou os ídolos, pode ser útil recordar a distinção que Ortega faz entre ideias e crenças. A máxima orteguiana «as ideias têm-se, nas crenças está-se», demonstra que as crenças têm mais

---

[43] «Andalucismo», em *El alma y la vergüenza*, Barcelona, Destino, 2000.

96 | ELOGIO DA DÚVIDA

profundidade do que as ideias, penetraram mais fundo na mente, o que facilita que as demos por aceites e válidas sem exercer qualquer tipo de crítica. Pelo contrário, as ideias são construções conscientes, mais voláteis, precisamente «porque não acreditamos nelas». São os estados de dúvida que promovem a produção de ideias. É o exercício do pensamento que produz vazios que pedem para, de alguma forma, serem preenchidos e que vai em busca de ideias que resolvam os nossos enigmas.

Por outro lado, quem crê firmemente num Deus, na pátria ou na nação age em conformidade. Acreditar em algo implica uma prática coerente com a crença.[44] A ortodoxia não é senão a conformidade sem nuances com o dogma ou com a doutrina em que se crê. A fé cega não admite a heterodoxia do inconformado. Mas as crenças são frágeis, pois, contrariamente ao saber científico, que constitui uma base sólida para a ação, as crenças só podem sustentar-se através de razões. As razões — escreve Luis Villoro — são aquilo que «amarra» a crença à realidade, como já é dito no *Ménon*.[45] Ora bem, se tem de haver razões para que as crenças se sustentem, essas razões não aparecem se as crenças não tiverem sido previamente pensadas. Ao analisar o porquê de uma determinada crença, uma pessoa encontra razões para continuar a acreditar ou para duvidar do que tinha por válido. Duvidar foi o que fizeram tantos pensadores e teólogos ao analisarem a sua fé. Desde o «se o compreendes, não é Deus» de Santo Agostinho, ao «incompreensível que Deus exista, incompreensível que

---

[44] ORTEGA Y GASSET, José, *Ideas y creencias*, *Obras Completas*, V, Madrid, Revista de Occidente, 1947, p. 375–405.

[45] VILLORO, Luis, *Creer, saber, conocer*, Madrid, Siglo XXI, 1996.

não exista» de Pascal, passando pelo mestre Eckhart, que foi chamado «O homem do sim e o do não». Para não falar dos grandes teólogos contemporâneos, como Karl Rahner, que se confessava cristão, «mas não a tempo inteiro». Ou de Unamuno, quando afirma, de uma forma rotunda: «Fé que não duvida é fé morta.»[46]

Depois da secularização, por muito incompleta que esta tenha sido, não é possível conceber a fé religiosa sem o acompanhamento de múltiplas dúvidas, excluindo, claro está, a «fé do carvoeiro»[47], que aceita cegamente os «ídolos da caverna», transmitidos pela educação e pelos hábitos. A fé sem dúvidas é a que não admite outras razões para crer além daquelas que lhe foram dadas. Pelo contrário, as dúvidas geradas a partir da fé foram responsáveis pela queda de dogmas ou crenças outrora estabelecidos, como o da existência do inferno, que não há muito foi declarado «inexistente» por um dos últimos pontífices da Igreja Católica. O trabalho desmistificador da hermenêutica bíblica e da teologia radical da primeira metade do século XX deixou uma perceção da fé religiosa muito mais *light*, não no sentido pejorativo do termo, mas no sentido de uma perceção mais aberta a diversas interpretações do que aquela

---

[46] Fraijó, Manuel, «Día de difuntos. Avatares de la creencia en Dios», *El País*, 1/11/2015.

[47] A origem da expressão parece encontrar-se numa pequena história que pode ser lida nas *Memórias de Trevoux* (no original, *Journal de Trévoux*, ou *Mémoires pour l'histoire des sciences et des beaux-arts, recueillis par l'ordre de Son Altesse Sérénissime Monseigneur prince Souverain de Dombes*), uma controversa e influente publicação periódica fundada pelos jesuítas em 1701, em Trévoux, no principado de Dombes. Esta expressão tantas vezes repetida por Unamuno em *A Agonia do Cristianismo* (Livros Cotovia, Lisboa, 1991) designa a fé simples e firme dos puros de coração, a fé de quem não exige provas nem procura argumentos. [N. do T.]

98 | ELOGIO DA DÚVIDA

que foi própria dos tempos obscuros dos concílios, que faziam doutrina e eram o flagelo de hereges. Esse processo de secularização, pelo qual passou o cristianismo, é o que falta ao islão, especialmente ao islão radicalizado, que se aferra à sua verdade e é imune à dúvida. Além das circunstâncias históricas que podem explicar o ressentimento de algumas culturas e de algumas doutrinas religiosas em relação a outras, ao islão, falta-lhe o processo de privatização das crenças religiosas pelo qual passou o cristianismo. Graças à Reforma Protestante, graças ao Iluminismo, a teologia e a fé cristãs empreenderam esforços para compatibilizar a sua doutrina com os valores da liberdade individual. Que os esforços tenham sido insuficientes para depurar as crenças de tudo aquilo que as torna incompatíveis com os valores implícitos ao progresso humano, não os desacredita de todo, deixa apenas patente que a secularização não foi alcançada. O que acontece com o islão, por contraste, é que ele não iniciou o processo de privatização, um passo imprescindível para que não seja uma ameaça constante aquilo a que Huntington chamou «o choque de civilizações», e que talvez fosse mais exato denominar por choque entre a civilização e a barbárie.

Porque é de barbárie, ou de aproximação a ela, que é preciso falar quando as crenças se solidificam e se tornam imunes ao raciocínio e ao pensar, que é o *logos*, aquilo que é mais específico do ser humano. Hannah Arendt, fiel ao legado aristotélico que percorre o seu pensamento, preocupou-se especialmente em qualificar a atividade de pensar como o mais distintivamente humano, a condição sem a qual o juízo, isto é, o discernimento entre o bem e o mal, é impossível. Foi essa a premissa que a levou a conceptualizar o nazismo com a controversa expressão «a banalidade do mal». Porque os nazis não eram, em sua opinião, assassinos, mas, sim, indivíduos que tinham renunciado à sua condição humana por terem deixado de pensar, terem deixado de questionar se o que «deviam» fazer, por imperativo político ou administrativo, era bom ou mau, se era ou não compatível com o ponto de vista moral. Perder o ponto de vista moral equivale a perder a condição humana. De certa forma, também era essa a visão partilhada por Aranguren, ao defender a tese de que o ser humano não pode, dada a necessidade de escolha a que está submetido, ser «amoral». Poderá escolher bem ou mal, mas o que não pode fazer é esquivar-se à escolha. As falhas de omissão são falhas, decisões que deixam de ser tomadas por desídia ou desistência. Ao agir assim, a pessoa coíbe-se da sua capacidade de decidir e escolher, coíbe-se, de algum modo, de pensar. Pensar é o único remédio contra os preconceitos, os dogmas, as doutrinas não analisadas, os ídolos não reconhecidos, uma vez que «o pensar é igualmente perigoso para todas as crenças e, por si mesmo, não dá origem a nenhuma nova».[48]

Ainda que o objetivo deste livro seja destacar as vantagens e as virtudes da dúvida, é preciso reiterar o facto de uma atitude dubitativa não ser incompatível com a manutenção de uma série de convicções fortes. Existem verdades éticas, condensadas em três valores principais: a liberdade, a igualdade e a dignidade, que devem ser entendidos como exigências inalienáveis da condição humana. Esses valores constituem o cerne do pensamento iluminista, os critérios de toda e qualquer argumentação ética e, como tal, devem ser mantidos por todos seja em que circunstâncias for.

---

[48] ARENDT, Hannah, «El pensar y las reflexiones morales», em *De la historia a la acción*, Barcelona, Paidós, 1998.

100| ELOGIO DA DÚVIDA

Gosto sempre de recordar a citação com que Isaiah Berlin encerra uma das suas clássicas passagens sobre a liberdade: «Darmo-nos conta da validade relativa das convicções de alguém — disse um admirável escritor do nosso tempo — e, ainda assim, defendê-las sem hesitação, é o que distingue um homem civilizado de um bárbaro.»[49] O «admirável» autor da citação, se não me engano, foi Schumpeter. Tanto ele como Berlim foram duas cabeças liberais que, de acordo com o liberalismo que professavam, só podiam referir-se à «validade relativa» das nossas convicções nesses termos, porque não há verdades nem validades absolutas, o que, ainda assim, não os impedia de aderir a elas sem hesitações. Pois unicamente fazendo-o é possível interrogarmo-nos até que ponto o discorrer contemporâneo, em todas as suas dimensões — económica, social, moral, cultural —, contribui para dar solidez à exigência ética da igualdade, da liberdade e da dignidade, ou, se pelo contrário, o que faz é deixar de lado esses valores e subordiná-los a outros mais prosaicos, aos valores entronizados pelos interesses particulares.

Estou de acordo com a impressão de que aquilo que caracteriza o nosso tempo é o facto de nos movermos entre duas águas, a da falta de convicções firmes e a do excesso de preconceitos. Disso dão conta maravilhosamente estes versos de Yeats:

«Os melhores despedem-se de toda a convicção,
Os piores vão plenos de apaixonada veemência.»[50]

---

[49] BERLIN, Isaiah, *Cuatro ensayos sobre la libertad*, Madrid, Alianza Editorial, 1988, p. 243.

[50] YEATS, W. B. *Poemas escolhidos*, «O segundo advento», Lisboa, Relógio D'Água, 2017, p. 207. Tradução de Frederico Pedreira.

A ética de princípios abstratos, que são os únicos que podem ser defendidos universalmente, situa-se nesse mar de convicções inquestionáveis, é certo, mas pouco incentivadoras de formas de vida que sejam compatíveis com eles. A esse paradoxo chama-se hoje «ausência de sentido», um vazio que nenhuma oferta parece capaz de preencher. As grandes palavras são manipuladas ao gosto de uns e de outros, revelando que carecem de conteúdo. Se as religiões têm vindo a perder fôlego por quererem concretizar em demasia o cômputo dos deveres morais (os tremendos «pecados» do catolicismo), a abstração valorativa em que se movem as sociedades secularizadas tem a vantagem de eliminar as discrepâncias, porque, em última análise, as tolera todas. A consequência é que a paixão desaparece e é tudo igual. Unicamente a via negativa, a reivindicação dos direitos quando a realidade torna evidente a falsidade dos mesmos, consegue despertar os ânimos e incitar à ação. É assim porque a negação dos direitos verifica-se de uma forma empírica, é mais concreta do que a sociedade ideal que esses direitos preconizam. É a perceção das desigualdades, as corrupções que ensombram a democracia, a indignidade a que se condena os refugiados, que provoca a indignação capaz de motivar críticas e reformas. Para que isso aconteça, a realidade tem de mostrar de um modo evidente que os grandes valores já não fazem parte dela senão como um vago objetivo que nunca se alcança. Quando isso não ocorre, em épocas de prosperidade e de satisfação com o que há, a ética dos grandes ideais revela-se indeterminada e indefinida, como um conjunto de crenças difusas, uma moral que é fácil de contornar, não ter em conta, porque o rigor, para todos os efeitos, já não está nela, mas, sim, no direito positivo que a desenvolve e que é a única coisa que pode oferecer um mínimo de garantias de realização.

102| ELOGIO DA DÚVIDA

A ética das convicções abstratas tem a vantagem de admitir o relativismo. A igualdade e a dignidade podem realizar-se de muitas maneiras, através de medidas diferentes e igualmente boas. Acreditar que as desigualdades e as discriminações são intoleráveis tem de coexistir com a dificuldade em mensurar essas desigualdades e discriminações. As perguntas acumulam-se: a que é preciso atender em primeiro lugar? Às quebras salariais? Ao desemprego? Ao desamparo em que vive a maioria dos Africanos? A que tenha de ser a Caritas que dá de comer aos mais carenciados? À violência de género? Seguramente que tudo isso e muitas outras coisas dão nome a uma intolerável desigualdade. E ainda mais difícil: como se combatem as desigualdades? À custa de quê? Até que ponto deve intervir o Estado para estabelecer limites? Com que argumentos? A dificuldade para responder de forma satisfatória a tantas interrogações, num mundo onde as potências económicas e financeiras não têm como prioridade a igualdade, despeja ceticismo e descrédito sobre as convicções éticas mais básicas.

As convicções contemporâneas não geram entusiasmo; o que entusiasma, isso sim, é o que se encontra no extremo oposto: o fanatismo. Ao contrário da fé em convicções abstratas, o fanatismo não relativiza nada, sabe muito bem quais são os seus fins e o que motiva os seus atos — por Alá, pela integridade nacional, contra os hereges. A dúvida não entra nas suas contas, nem sequer para avaliar se o meio mais eficaz para alcançar os seus fins será mesmo a violência. O terror (no qual também desembocou o Iluminismo francês, o mais emblemático, não o podemos esquecer) define-se por não pôr em causa a pertinência de meios violentos para alcançar fins que, em si mesmos, podem ser opções aceitáveis.

O fanatismo é uma forma de proceder que não tem nada de irracional: os fins são claros e também os meios para a eles chegar. Pura razão instrumental. Grandes massacres para chamar a atenção, mostrar o poder que se tem, aterrorizar o adversário e dissuadi-lo de prosseguir com as suas hesitações. Em todo o caso, o irracional está nos fins, ainda que também estes possam mascarar-se com os valores éticos de sempre. O terrorismo da ETA atuava em nome da liberdade do povo basco. Contrariamente ao sujeito de convicções abstratas, hesitante por ter de escolher como as defender, o fanático não escolhe nada: a doutrina em que crê, os seus preconceitos e os seus ídolos, dizem-lhe pormenorizadamente como deve agir. O agir de forma fanática não deixa espaço nem para o pensamento nem para a dúvida.

Não são apenas os massacres terroristas que destacam o fanatismo. Este encontra-se também em manifestações da vida quotidiana. Num irónico ensaio sobre o tema, Amos Oz diz que as universidades deveriam organizar cursos de «fanatismo comparado», pois há fanatismos em toda a parte. Alguns expressam-se de forma silenciosa e sob uma aparência civilizada. É o fanatismo — diz Oz, aludindo à sua experiência pessoal — dos «pacifistas desejosos de visar-me de uma forma direta apenas por defender uma estratégia um pouco diferente da sua para conseguir a paz com os Palestinianos».[51] É o fanatismo que expressa uma superioridade moral: se não estás comigo, não és um bom israelita, um bom muçulmano, um bom catalão. O fanatismo que não admite o diálogo porque parte de premissas fechadas a qualquer concessão. Falta ao fanático o esforço imaginativo

---

[51] Oz, Amos, *Contra el fanatismo*, Madrid, Siruela, 2003.

104| ELOGIO DA DÚVIDA

que pressupõe a ética: imaginar-se a si mesmo no lugar do outro, tentar perceber porque é que cada um de nós quer o que quer. E, sobretudo, minimizar um pouco as próprias posições para que as do outro também sejam possíveis e compatíveis num mesmo cenário.

O facto de a atitude fanática costumar alimentar-se dos dogmas e preconceitos de uma religião não predetermina que essa religião tenha necessariamente de conduzir ao fanatismo. As religiões monoteístas têm sido as mais propensas a atitudes inflexíveis. Sustentam que a verdade está num Deus transcendente e superior cuja autoridade é incontestável e cujas leis só merecem ser interpretadas por uns poucos sábios escolhidos. Assim aconteceu com o cristianismo e continua a acontecer com o islão. Ambos se batem por manter os crentes na ortodoxia dogmática. Mas, ao passo que o cristianismo, incluindo o mais ortodoxo, convive há muito com a democracia, a leitura unitária da doutrina islâmica resiste à permeabilidade aos valores democráticos.

Philippe d'Iribarne explica-o bem em *Islam, démocratie et Occident*. Segundo o seu entendimento, o problema do islão nos nossos dias radica na impossibilidade de unir, como já o fez o Ocidente, a aspiração à democracia, entendida como a soberania do povo, com a pluralidade de opiniões ou o respeito pelos direitos individuais. A Primavera Árabe, em todas as suas versões, foi um movimento de expressão da soberania popular. Mas um movimento que não soube contar depois com os procedimentos que toda a democracia põe em marcha para designar, por exemplo, os seus legítimos representantes. A hegemonia de uma forma de pensar, e de viver, quis impor-se à expressão das liberdades individuais. Basta um breve percurso pela «Declaração dos

Direitos Humanos no Islão» para nos darmos conta de que, se as suas diretrizes fossem aceites, o debate democrático seria impossível. Como poderia ser de outra forma quando se afirma que «todo o homem tem o direito de expressar livremente a sua opinião, desde que esta não seja contrária aos princípios da Sharia»? (Artigo 22.º–A).

Na opinião de Iribarne, mesmo naqueles artigos em que parece admitir-se uma pluralidade de opiniões dentro do islão, este fica subordinado à busca de unanimidade que é central no Alcorão. Não há possibilidade de dúvida ou de divisão sem se ser estigmatizado. A certeza está associada à unanimidade do povo, ao passo que se conjuga mal com o pluralismo próprio da democracia. Ainda que no Alcorão se leia «Não deve haver compulsão em religião!» (II, 256), o que o contexto geral leva a concluir não é que os incrédulos devam ser respeitados, mas que é melhor abandoná-los à triste sorte que o destino lhes reservou. Não é a razão de Descartes a que aparece no islão, é uma «razão divina» que se revela no homem graças à intervenção de um intelecto atuante.

É preciso não esquecer que o obscurantismo doutrinal também foi próprio do cristianismo. Basta evocar frases como: «A verdade vos libertará», «Eu sou o caminho, a verdade e a vida» ou «Quem não está comigo, está contra mim». No entanto, Iribarne vê nos textos bíblicos mais abertura e espaço para a dúvida do que no Alcorão, mesmo que isso se deva unicamente ao facto de os textos serem de procedências diversas. Os Evangelhos, por exemplo, são quatro e cada autor dá a sua versão singular e nem sempre consentânea com as dos outros. Iribarne cita Foucault, que define «a originalidade cristã como o reconhecimento de uma relação precária com a verdade». Uma precariedade

106| ELOGIO DA DÚVIDA

— acrescenta — reconhecida igualmente por Agostinho ou Tomás de Aquino. Independentemente do seu passado, não menos tenebroso do que o do islão da atualidade, é inegável que o cristianismo está hoje diluído num mundo cheio de dúvidas das quais também participa, enquanto o islão se empenha em mostrar-se monolítico. E embora seja verdade que ver a democracia como um regime de total liberdade se revela como algo ilusório, é necessário, «para que o funcionamento das instituições democráticas se efetue sem demasiadas convulsões, que o debate de boa-fé, e por conseguinte a dúvida, façam parte dos esquemas mentais mais comuns; que o adversário, inspirado por outras convicções, por outros valores, não seja demonizado em excesso».[52]

---

[52] D'IRIBARNE, Philippe, *Islam, démocratie et Occident*, UPPR, 2014, *e-book*, loc. 367 e ss.

6

DEIXAR DE PENSAR

«Não desejamos uma coisa porque a julgamos boa, mas, ao contrário, chamamos boa à coisa que desejamos.»[53] Esta surpreendente afirmação, que parece subverter toda a ordem moral, é uma das mais conhecidas e celebradas da *Ética* de Espinosa. E é realmente subversiva, porque o que ela diz é que é impossível desejar o que não é bom, nem conveniente nem útil para o ser humano. Ou seja, não há desejos inadequados que devam ser reprimidos para que a conduta não se desvie do bem.

A chave para entender o sentido da afirmação de Espinosa está na sua definição de desejo. Ele define-o como o apetite consciente de si mesmo. Ou seja, o primário é o apetite, que é o impulso instantâneo que nos leva a desejar algo. O homem, ao contrário dos animais não racionais, distingue-se pelo facto de ter consciência dos seus apetites, o que significa que pode ou não convertê-los em desejos. A apetência de beber um copo de água quando se tem sede, de se aproximar do calor do fogo quando faz frio, de procurar companhia quando se sente só, formula-se na forma de um desejo que o leva a procurar água, acender o fogo

---

[53] Espinosa, *Ética: Demonstrada à Maneira dos Geómetras*, Coimbra, Biblioteca Filosófica Atlântida, Direção de Sílvio Lima, 1966, Parte III — «Da origem e da natureza das afecções», Proposição XXXIX, Escólio, p. 136. Tradução de Joaquim Ferreira Gomes. [N. do T.]

ou chamar um amigo. Em todos os casos, trata-se do desejo de combater alguma adversidade que incomoda. Desejar é necessário, porque sem desejo não há ação. Por essa razão, Espinosa entende que o desejo é sempre por algo bom, por algo que «convém à natureza», para o dizer na linguagem do filósofo.

Esta e outras ideias similares levam Espinosa a construir um sistema ético no qual a razão e o afeto andam de mãos dadas. Não é a razão que deve reprimir os afetos, são antes estes que devem ser transformados, não extintos, para que a condução da razão seja efetiva. O desejo é imprescindível, porque nos leva a agir, a buscar aquilo que concebemos por bom e que pode ser expresso como objeto do desejo, uma vez que não estamos apenas a falar de um mero impulso, mas de um desejo que, como tal, é consciente. Ao dizer «quero essa coisa», é um sujeito que fala, um sujeito que, além dos afetos, tem razão e linguagem, instrumentos que lhe permitem tornar explícito o que sente que lhe apetece, convertê-lo em palavras, e ao mesmo tempo racionalizá-lo, ser capaz de invocar razões para justificar querer o que quer. Em princípio, Espinosa não admite a dicotomia tradicional entre desejos bons e maus, ou entre desejar o que se deve e desejar o que não se deve fazer. Contra a moral de tradição cristã que se encoleriza para pôr limites ao desejo («Não cobiçarás os bens alheios», «não cobiçarás a mulher do próximo»), a ética de Espinosa compreende que o desejo é, por princípio, positivo, porque potencia a ação e esta não pode ter outro fim senão aquele que impõe a lei do *conatus*, único imperativo ético que admite o filósofo e que é, simultaneamente, uma lei da natureza: «Toda a coisa se esforça, enquanto está em si, por perseverar no seu ser.»[54] Desejar algo é desejar continuar a viver e viver melhor. Esse, e esse apenas, deverá ser o objeto do desejo. E também da ética.

Ainda que à primeira vista pudesse parecê-lo, aquilo a que Espinosa se propõe não é uma apologia dos apetites em estado bruto, mas a constatação da importância do desejo para o progresso humano. Pensa que os critérios do progresso não são fixados por uma ideia do bem ou da perfeição estranha à natureza humana, nem por umas quantas normas sobre o que é bom estabelecidas por um ser transcendente. Fixa-os o sentido da utilidade que todo o ser vivo tem e que é aquilo que serve para definir o bom: «Por bem entenderei aquilo que sabemos com certeza ser-nos útil.»[55] Uma afirmação que convém ler ao lado desta outra: «Portanto, nada mais útil ao homem que o homem.»[56] Ou seja, não estamos a falar de utilidade pessoal ou singular, mas, sim, coletiva, do que é útil à humanidade enquanto tal. Se os apetites são o que move o ser humano, há que ter em conta que «os homens que procuram o que lhes é útil sob a direcção da Razão, não desejam nada para si que não desejem

---

[54] Espinosa, *Ética: Demonstrada à Maneira dos Geómetras*, Coimbra, Biblioteca Filosófica Atlântida, Direção de Sílvio Lima, 1966, Parte III — «Da origem e da natureza das afecções», Proposição VI, p. 99. Tradução de Joaquim Ferreira Gomes. [N. do T.]

[55] Espinosa, *Ética: Demonstrada à Maneira dos Geómetras*, Coimbra, Biblioteca Filosófica Atlântida, Direção de Sílvio Lima, 1966, Parte IV — «Da servidão humana ou das forças das afecções». Prefácio, Definições I, p. 11. Tradução de António Simões. [N. do T.]

[56] Espinosa, Ética: Demonstrada à Maneira dos Geómetras, Coimbra, Biblioteca Filosófica Atlântida, Direção de Sílvio Lima, 1966, Parte IV — «Da servidão humana ou das forças das afecções» Proposição XVIII, Escólio, p. 30. Tradução de António Simões. [N. do T.]

112| ELOGIO DA DÚVIDA

para os outros, e, por conseguinte, eles são justos, fiéis e honestos.»[57]

Dá-me gozo trazer à colação um filósofo tão cativante e, ao mesmo tempo, tão enrevesado como Espinosa para introduzir as contradições a que chegou a nossa civilização no seu afã por render culto aos desejos individuais sem levar em mínima consideração os ensinamentos do filósofo. A saber, que embora o desejo seja essencial à natureza humana, o que não é próprio dessa natureza, porque a degrada, é o mero apetite que não se interroga a respeito da adequação ou da inadequação do seu objeto. Aquilo a que hoje chamamos desejo é esse apetite inconsciente que Espinosa considera ser o que nos aproxima das bestas, não dos seres racionais.

O livro de Gilles Lipovetsky e Jean Serroy, *O Capitalismo Estético na Era da Globalização*, procura uma imagem dessa redução do desejo aos impulsos mais primários. O referido trabalho retrata um mundo denominado pelos autores de «capitalismo artístico», e que é o nosso, cujos centros de maior atração são aquilo a que eles chamam os «palácios do desejo», as «catedrais do consumo»: as grandes lojas, os centros comerciais, espaços imensos onde vamos sobretudo para nos emocionarmos, para aguçarmos o apetite insaciável de adquirir o mais moderno e o mais recente. São os templos do *shopping*, do comércio que deixou de ser a oferta de produtos necessários, para se tornar um «espetáculo faraónico» onde o que importa não é a qualidade do

---

[57] ESPINOSA, *Ética: Demonstrada à Maneira dos Geómetras*, Coimbra, Biblioteca Filosófica Atlântida, Direção de Sílvio Lima, 1966, Parte IV — «Da servidão humana ou das forças das afecções», Proposição XVIII, Escólio, p. 30. Tradução de António Simões. [N. do T.]

que se compra, mas o cenário em que se compra, «a teatralidade ou o requinte do espaço comercial».[58] São espaços cuja essência consiste em estimular o apetite de comprar, produzir desejos que resistem a passar pelo filtro das consciências, uma vez que desejar consumir de forma desenfreada faz parte de uma cultura que ninguém questiona. Neste mundo de ofertas infinitas, apenas se levantam dúvidas superficiais, entre adquirir este ou aquele par de sapatos. Não se suscita a dúvida mais radical sobre essa condição de seres consumistas a que o ser humano parece inevitavelmente condenado.

Na cultura do prazer e da satisfação imediata dos desejos, parece que os valores últimos, que deveriam ser os valores morais, se volatilizaram. Essa cultura é outra forma de extremismo incompatível com a dúvida e com o questionamento a respeito daquilo que se apresenta como atrativo e desejável. Na linguagem de Espinosa, particularmente adverso às formulações abstratas, o que hoje qualificamos como valores morais equivaleria à «utilidade comum» que deveria guiar o ser humano. Mas ninguém pensa na utilidade comum. Nem mesmo os promotores da nova política que redescobriram o valor do «comum». A eclosão do *homo consumans*, que é o que, por osmose, produz a economia de consumo, deixa pouco espaço para o *homo cives*, o cidadão que se sabe membro de uma comunidade em cuja melhoria e cujo progresso moral deveria desempenhar algum papel.

Muito se tem escrito sobre a atomização do indivíduo nas sociedades liberais, sobre esse individualismo que, no seu dealbar, foi um sinal de progresso e de primazia

---

[58] LIPOVETSKY, Gilles e SERROY, Jean, *O Capitalismo Estético na Era da Globalização*, Lisboa, Edições 70, 2014. Tradução de Luís Filipe Sarmento.

da liberdade, mas que se transformou em mero egoísmo. No entanto, e os autores recém-citados partilham esta ideia, não é totalmente certo que, ao lado da universalização do mercado, não se tenha produzido a dos direitos do indivíduo que, ainda que nem sempre pareça, gozam de um consenso cada vez maior. Os valores morais não desapareceram, antes pelo contrário, eles são mais mencionados do que nunca. Nunca como hoje se produziram tantas denúncias por causa das injustiças, das violências domésticas, da escravidão infantil, do desamparo dos migrantes. O afã de universalizar os princípios fundamentais decorreu paralelamente ao reconhecimento das diferenças culturais, com o objetivo de separar as desigualdades discriminatórias que devem ser corrigidas das meras diferenças que devem ser reconhecidas ou simplesmente toleradas. Hoje, o domínio ético é plural e democrático. As questões conflituantes que têm que ver com diferenças religiosas ou ideológicas, não se resolvem nas igrejas nem remetem para velhas doutrinas, mas, antes, discutem-se no espaço público. A profusão de meios de informação estimula a empatia com as misérias alheias, os meios de comunicação são agentes de sensibilização, superficial, é verdade, mas é preciso começar por algum lado.

Por outro lado, o frenesi e a aceleração a que conduz a contínua competitividade são um sério obstáculo ao cultivo do pensamento e da dúvida. Logo depois de se ter difundido o *fast food*, aparece o *slow food* e o lema do *slow* pugna por encontrar o seu lugar no meio da voragem que arrasta os indivíduos. Juntamente com a imparável aquisição de telemóveis e *tablets* aos quais estar agarrado todo o dia, anseia-se por um novo modo de vida, com mais silêncio, mais vagar, tempo para meditar, menos pressa e menos ruído. É certo que esse modo não acaba nem com a aceleração nem com o consumo desenfreado, é apenas um paliativo, um recurso para utilizar quando necessário. Um recurso, inclusive, tão suscetível de mercantilização quanto os hábitos que tenta combater.

No entanto, mesmo quando é difícil mudar de paradigma e fazer uma inversão radical relativamente à forma de viver, não é justo afirmar que a crítica ao desenfreio da civilização e aos despropósitos que propicia não tenha sido feita. Aí estão, no extremo, todos os movimentos anticapitalistas que não pararam de se espalhar e de fazer proselitismo desde que começou a corrente «altermundialista». É possível outro mundo, e, ainda que o ideal permaneça distante, é possível recuperar a consciência dos desejos e selecionar os apetites em função do que nos convém ou não enquanto humanidade. Não ficar pelo apetite, passar ao desejo consciente e raciocinado, como Espinosa pede, significa superar a obsessão pela quantidade, típica de um mundo que tudo contabiliza, favorecendo a qualidade. O anglicismo «qualidade de vida» tornou-se uma expressão com a qual designamos o viver como deve ser, sem estridências nem exageros, com as necessidades básicas asseguradas e com instrumentos para superar o sofrimento. Uma vida simplesmente humana, ao nível dos nossos limites, sem pretender ignorá-los, mas sem deixar de ter um certo domínio sobre o que nos limita. A bioética iniciou uma reflexão acerca das maneiras de fazer frente às limitações corporais, sem as negar, mas humanizando-as. A dor, a doença, a deficiência, a morte, fazem parte da condição humana. Empenharmo-nos para que a existência mantenha uma certa qualidade, apesar de tudo o que possa sobrevir, significa lançar mão de todos os recursos que a ciência e a técnica oferecem para

116| ELOGIO DA DÚVIDA

mitigar o sofrimento derivado da finitude humana. Mas implica também aprender a lição estoica de aceitarmos o inevitável e adaptarmo-nos às adversidades com bom espírito. Se deixar de desejar equivale a morrer, manter vivo o desejo tem de ser a forma de dotar a existência da qualidade imprescindível para querer continuar a viver.

Ao completar noventa anos, o eminente filósofo do direito Norberto Bobbio escreveu um dos textos mais pungentes que se escreveram sobre a velhice, ao qual pôs o ciceroniano título de *De senectute*[59], ainda que, no seu caso, se sentisse muito afastado do espírito que inspirou o filósofo romano. Na mesma época, a conhecida bióloga e prémio Nobel da Medicina, Rita Levi Montalcini, escreveu, numa idade também próxima da de Bobbio, um livro cheio de esperança intitulado: *El as en la manga.*[60] Por si só, os títulos de ambas as publicações dizem muito da mensagem lacónica e depressiva da primeira, face ao alento otimista da segunda. Pô-los lado a lado mostra que viver uma vida de qualidade não depende unicamente das circunstâncias em que cada um de nós se encontra, mas também de desejar o que é conveniente. Em *De senectute*, de Bobbio, podemos ler:

> «A sabedoria para um velho consiste em aceitar resignadamente os próprios limites. Mas, para os aceitar, há que os conhecer. Para os conhecer, há que procurar alguma razão que os justifique. Não cheguei a ser um sábio. Os limites conheço-os bem, mas não os aceito. Admito-os unicamente porque não tenho outro remédio.

---

[59] BOBBIO, Norberto, *De senectute*, Turim, Einaudi, 1996.
[60] LEVI MONTALCINI, Rita, *El as en la manga*, Crítica, Barcelona, 1999.

Direi com uma só palavra que a minha velhice é a velhice melancólica, entendendo a melancolia como a consciência do que não consegui nem poderei conseguir. É a imagem da vida como uma rua onde a meta está sempre mais longe e, quando acreditamos tê-la alcançado, ela não é a que tínhamos pensado como definitiva. A velhice transforma-se então no momento em que nos damos conta de que o caminho não só não foi feito como já não há tempo para o fazer, e que há que renunciar a conquistar a última etapa.»[61]

A este texto desanimador só podemos agradecer a amarga sinceridade das suas linhas. Está a anos-luz deste outro parágrafo de *El as en la manga*, onde a autora começa, precisamente, com uma réplica às palavras proferidas por Bobbio:

«Penso, ao contrário de Bobbio, que não devemos viver a velhice recordando o tempo passado, mas, sim, fazendo planos para o tempo que nos resta, quer seja um dia, um mês ou alguns anos, na esperança de conseguir concretizar um ou outro projeto que não tivesse sido possível realizar nos anos da juventude.»[62]

Ao longo do seu livro, Montalcini refere-se, a título de exemplo, a uma série de personalidades célebres e longevas. A sua tese é a de que o cérebro é o «ás na manga» que todas as pessoas têm e que devem saber utilizar adequadamente na velhice. «No jogo da vida, a carta mais alta é a

---

[61] BOBBIO, Norberto, *op. cit.*
[62] LEVI MONTALCINI, Rita, *op. cit.*

capacidade de se fazer valer, em todas as fases, mas especialmente na velhice, das atividades mentais e psíquicas próprias.» Para isso, convém que não limitemos os nossos recursos com fatores tanto intrínsecos como extrínsecos. É verdade — reconhece a autora — que os fatores extrínsecos — a degradação física, a dependência, a dor, a doença — são incontroláveis. E unicamente deles depende muitas vezes o sentimento de insuficiência e o consequente desespero por ir vendo diminuídas as próprias capacidades. Mas, por vezes, os fatores que conduzem à falta de vontade de viver e à decrepitude não são apenas extrínsecos, mas intrínsecos, fatores esses que se reduzem à falta de previsão na juventude e na idade adulta, ao não terem sido capazes de se preparar para exercer atividades alternativas na velhice. A síntese da teoria de Montalcini é inequívoca: não devemos esquecermo-nos de que, ao longo da vida, um dia teremos de enfrentar a velhice. Se, por outro lado, ignorarmos, como ele próprio propicia, o hedonismo da sociedade em que vivemos, é muito provável que, quando chegar o momento de termos de lançar mão de alguns recursos intrínsecos, porque os outros vão desaparecendo, nos deparemos com a triste realidade de que não temos nenhum porque não fomos precavidos nem capazes de os armazenar. Esta previsão é, afinal de contas, o «ás» que pode salvar-nos no momento da velhice.

Costumamos referir-nos a uma vida de qualidade quando advêm os achaques corporais, mas procurar uma vida que valha a pena tem um alcance mais vasto. Vida de qualidade é a que calcula o valor das coisas não pelo preço monetário, mas em função dessa «utilidade comum» que deveria qualificar o objeto do desejo. Valorizar algo não porque vale muito dinheiro, valorizar as pessoas não pelo poder de compra que têm, valorizar um trabalho pelo que nos satisfaz e não pela remuneração que proporciona. Valorizar o ser e não o ter, como propunha Erich Fromm. Nas sociedades que se consideram a si mesmas desenvolvidas, o discurso da qualidade deve sobrepor-se ao da quantidade. Qualidade será uma melhor distribuição da riqueza para que a quantidade de recursos seja acessível a todos. E será também uma mudança nos estilos de vida que evite, como dizia Machado, a confusão própria do néscio «que confunde valor e preço».

Vejo na dificuldade de nos guiarmos por um discurso da qualidade a chave para o desconcerto em que se encontra, há muitos anos, a política de esquerda. Que se tenha deixado de falar de esquerda e de direita para começar a falar de velha e de nova política revela, por si só, que a reforma necessária está mais na novidade (das pessoas, na maioria das vezes), do que nos conteúdos. É mais uma submissão à lógica do mercado onde os produtos são avaliados mais pela novidade do que por qualquer outro atributo. Só porque algo é novo não significa que seja melhor. Explicar por que razão um produto ou um serviço ou uma política são melhores do que os anteriores requer que se deem razões. Mas, em vez de dar razões, publicita-se, a forma de estimular o apetite para o novo. Dar razões significa sopesar, discernir, comparar e, por fim, utilizar a retórica para tentar persuadir. No entanto, a economia monetária fez do indivíduo um espírito calculista, para o qual aquilo que não é quantificável carece de interesse. Interessa mais, porque é mais fácil de entender uma qualquer estatística do que as razões que explicam porque é que as estatísticas dizem o que dizem.

Do resultado de umas eleições, interessa a «aritmética parlamentar» porque torna difícil conjugar propostas.

120| ELOGIO DA DÚVIDA

É na aritmética, não no conteúdo das propostas, que se visualiza a dificuldade. Em suma, e para o dizer em poucas palavras, a exigência de qualidade é inimiga tanto da autocomplacência como das soluções simples, é a constante tentativa de superar o já alcançado e o melhorar em todas as suas dimensões, não nas mais superficiais, que são as contabilizáveis.

7
DETERMINISMOS IDENTITÁRIOS

Os fanáticos não duvidam. Agarram-se com todas as forças à suposta verdade das suas crenças. Por isso são imunes às razões e não contemplam a autocrítica nem lhes interessa a crítica externa. Estão demasiado convencidos da sua verdade. O fanatismo combina mal com o pluralismo característico da democracia. Que combine mal não significa, contudo, que os membros de uma democracia eludam com facilidade as tentações de abraçar crenças dogmáticas e de passarem a situar-se em posições extremas. Há uma contradição nisso, um paradoxo intrínseco à luta pelo individualismo que caracteriza as democracias liberais. Ser livre, dar protagonismo ao indivíduo e não ao grupo, é uma aspiração implícita à condição humana; o indivíduo não desiste de almejar a mais espaços de liberdade e a menos normas. Mas esse mesmo indivíduo procura, por outro lado, proteção e amparo, anseia por se perder num coletivo que lhe indique qual deve ser o sentido da sua liberdade. A mesma liberdade que defende o reconhecimento e a tolerância de todas as culturas é responsável por fomentar que essas culturas se fechem em si mesmas e rechacem como estranhas e alheias as grandes conquistas da humanidade. Assim, a Europa não consegue encontrar a fórmula para manter as suas conquistas e valores culturais e evitar, ao mesmo tempo, o choque com culturas que chegam e que se empenham em continuar a viver à sua maneira. O exemplo mais recente do que estou

124| ELOGIO DA DÚVIDA

a dizer foi o ridículo de que se cobriu o Governo italiano ao, ostensivamente, tapar as estátuas de alguns nus para evitar ferir a sensibilidade do presidente do Irão. Respeitar o outro, reconhecer a sua cultura, não tem de se converter numa espécie de proibição de mostrar o que nos é próprio.

A secularização conseguiu que as religiões se privatizassem e perdessem poder político. Ainda que, aquilo que devia ser entendido como um avanço em termos de liberdade religiosa, tenha sido visto pelos crentes mais recalcitrantes como uma perda. Sentem falta de que a sua fé não seja publicamente partilhada pelos que se entrincheiram nas fações mais ortodoxas e integristas da sua religião. Exemplo disso é o Tea Party, nos Estados Unidos. Ou o exemplo do islamismo mais radical.

Desde que vivemos sob a ameaça do terrorismo islamista, a questão que se coloca, mesmo dentro do próprio islão, é qual deverá ser a maneira adequada de ler e abordar o Alcorão, o seu texto sagrado. É verdade que o Alcorão não inclui a violência que alguns veem nos seus versículos? Admite a *jihad* interpretações pacíficas e conciliadoras? Philippe d'Iribarne, no ensaio acima citado sobre o islão e a democracia ocidental, tem muito clara a incompatibilidade entre ambos os fenómenos, o islão e a democracia. A seu ver, quando mergulhamos no Alcorão, damo-nos conta de que «a busca de certezas e de unanimidade constituem o seu núcleo. Os portadores de dúvidas e de divisões são excluídos [...] Assim, se a certeza associada à unanimidade de uma comunidade se coaduna bem com a soberania desse povo, concilia-se mal com o pluralismo democrático».[63] Opinião

---

[63] D'IRIBARNE, Philippe, *Islam, démocratie et Occident, e-book*, loc. 194--196.

semelhante tem Giovanni Sartori a propósito da pergunta sobre se existe um islão «verdadeiro», autêntico, e se é fundamentalista ou moderado. No seu entendimento, tal islão não existe, ainda que, acrescenta, «o importante seja saber qual é hoje o islão vencedor». Depois de fazer uma rápida recapitulação dos Estados islâmicos que podem considerar-se «moderados», conclui que esses Estados «não são a salvação do Ocidente, mas, antes, Estados que devem ser salvos».[64]

É verdade que os textos sagrados não podem ser lidos literalmente, que têm um alto conteúdo simbólico que deve ser interpretado à luz das circunstâncias históricas de cada época. Para isso, é imprescindível que os intérpretes oficiais evitem leituras excessivamente dogmáticas. A Reforma Protestante foi um grande progresso dentro do cristianismo ao proclamar a livre interpretação da Bíblia. É preciso recordar que na época do nacional-catolicismo, aos católicos, estava-lhes semiproibida a leitura do Antigo Testamento. As grandes e progressistas reformas vaticanas consistiram em ir eliminando todos os dogmas derivados de interpretações rígidas do conteúdo da fé. «Católico» significa universal, mas os valores ou princípios universalizáveis do catolicismo são muito poucos e, além disso, são abstratos, isto é, submetidos a leituras variáveis e adaptáveis a situações diversas. O amor ao próximo é um mandato universalizável, mas quem é que dá a interpretação correta do que é que isso deve significar no nosso mundo? O único país onde se conseguiu uma convivência entre a laicidade oficial e a religiosidade dos seus cidadãos foi os Estados Unidos. Foi dos primeiros a proclamar a liberdade e a tolerância religiosa como princípio

---

[64] SARTORI, Giovanni, *La corsa verso il nulla. Dieci lezioni sulla nostra società in pericolo*, Milão, Mondadori, 2015, cap. 5.

126| ELOGIO DA DÚVIDA

constitucional, facto que não eliminou a presença da religião, mas, antes, a favoreceu. Tocqueville ficou surpreendido quando, ao visitar os Estados Unidos, constatou a função ativa que a religião tinha na construção das comunidades. Talvez tenha sido uma consequência de terem tomado à letra a teoria de Locke e de Voltaire de que qualquer religião era aceitável, exceto o ateísmo. Seja como for, e salvo exceções de radicalização extremista, como o mencionado Tea Party, nos Estados Unidos o religioso não apenas combina bem, como é compatível com os valores liberais.

O ser humano necessita de se identificar com grupos, comunidades mais pequenas e definidas do que a amorfa e atomizada sociedade liberal. A família é o grupo mais pequeno e aquele que proporciona aos indivíduos um aconchego maior. Por essa razão, reveste-se de novas formas, mas não desaparece. Fora dela, tanto a vida profissional como o lazer dotam a pessoa de várias identidades. Com exceção da identidade familiar, que não se escolhe, todas as outras são livres. Embora haja duas identidades que, em princípio, não se formam por livre escolha, ainda que a longo prazo possam ser aceites ou rejeitadas: a religiosa e a patriótica. A identidade religiosa não costuma ser livre à partida, uma pessoa é ou não educada numa determinada religião, e, com o tempo, cada um decide se deseja continuar a ser crente e de que forma quer interpretar a sua fé. Uma pessoa madura escolhe a sua fé religiosa ou recusa-se a tê-la.

Não é tão fácil dizer o mesmo a respeito da identidade nacional, já que cada um é de onde nasceu ou, se puder, de onde decide naturalizar-se. Em tempos de numerosas migrações, como os que estamos a viver, é difícil afirmar que o direito de cada pessoa escolher onde quer viver esteja garantido. Portanto, podemos falar de uma escolha livre em alguns casos, mas nem sempre é assim. Seja como for, ao longo da vida, o indivíduo vai adquirindo um sentido de pertença, mais ou menos forte, mas inevitável. Raro é alguém sentir-se cosmopolita e estar à vontade com essa ideia. O cosmopolitismo é uma bela ideia que muito poucos abraçam com todas as suas consequências. Basta o exemplo dos primeiros cosmopolitas assumidos, os filósofos cínicos, cuja radicalidade e extravagância face aos costumes estabelecidos os levava a autoexcluírem-se da cidade. Como Diógenes, que se abrigava seminu num barril e desprezava com arrogância os poderosos. Num mundo cuja organização territorial tem por base os Estados nacionais, o cosmopolitismo é apenas uma ideia romântica. Como ser apátrida, é mais um protesto contra o sistema do que uma possibilidade real. Afinal de contas, os Estados de direito oferecem ao indivíduo uma proteção de que muito poucos estão dispostos a abrir mão em troca do ideal de não ser cidadão de lugar nenhum. A realidade é que a procedência ou a pertença de cada um de nós define os nossos costumes e determina os nossos princípios. Esses princípios nascem já com a marca da tradição que os tornou possíveis. Assim, os direitos humanos, ainda que tenham resultado numa Declaração Universal, aceite por um grande número de países em todo o mundo, são uma produção do Ocidente. Foi aí que se originaram e se desenvolveram.

Pertencer a uma cultura, ainda para mais quando essa cultura se confunde com uma religião, determina uma identidade da qual nos conseguimos subtrair apenas através de um exercício de abstração e de distanciamento. A partir desse exercício, é possível considerarmos outros traços e elementos que transcendem as identidades particulares para nos concentrarmos, em vez disso, naquilo que deveria ser

128| ELOGIO DA DÚVIDA

considerado como próprio da identidade humana em geral. Nascer, crescer e morrer, alegrarmo-nos e entristecermo-nos, ter consciência do que acontece e do que pode vir a acontecer, desejar viver bem, compadecermo-nos dos que sofrem, são elementos distintivos que, em diferentes graus, existem em todo o ser humano. Constituem um conjunto de certezas sobre a condição humana das quais não faz qualquer sentido duvidar. Do que duvidamos é, sim, da pertinência daquilo que produz em nós alegria ou tristeza, duvidamos de que a nossa consciência nos proporcione uma versão correta das coisas, de que os objetos dos nossos desejos sejam os mais convenientes, inclusive para nós mesmos, duvidamos de que os beneficiários da compaixão sejam aqueles que verdadeiramente a merecem. À medida que as possibilidades de escolha aumentam, cresce, na mesma proporção, a possibilidade de duvidar. Até mesmo os fenómenos mais biológicos, como o nascimento e a morte, não são imunes à influência cultural, ideológica ou religiosa, que lhes dá sentidos novos. Graças às técnicas de reprodução assistida, hoje é possível nascer de muitas maneiras. Também começa a ser possível cada um escolher morrer a seu gosto, se é que a expressão «morrer a seu gosto» não é um oxímoro.

Duvidarmos e distanciarmo-nos das várias identidades que nos constituem é um exercício necessário e saudável, para cada um de nós e para o conjunto da sociedade. Alfred Grosser[65] ensina a cultivar certos cuidados que julga indispensáveis para não nos deixarmos levar por preconceitos relativamente àquelas identidades que podem exercer um maior poder sobre o indivíduo. Um desses cuidados é

---

[65] GROSSER, Alfred, *Les identités difficiles*, Paris, Presses de Sciences Po,1996.

esquecermo-nos do «artigo definido», que homogeneíza as pessoas, as instituições e os grupos. Dizer que «os Catalães são avarentos», que «a opinião pública rejeita as políticas de austeridade», que «os eleitores escolheram o pacto», são abstrações que não contribuem com nenhuma informação rigorosa. Limitam-se a simplificar os factos. Talvez haja apenas uma abstração útil, a que diz que «todos os homens são iguais». É útil e necessária porque exprime um aspeto desejável da identidade humana, fornece-nos a identidade de referência — a humana — a partir da qual haverá que lidar com os conflitos de identidades.

O que caracteriza as identidades mais problemáticas e conspícuas é o facto de estarem previamente definidas. Assim, um Estado encarna uma nação, coextensiva a um povo, cujos indivíduos adquirem uma identidade que está vedada a outros. Parece supérflua a pergunta a respeito das especificidades que delimitam um território e que lhe dão o direito de se constituir como nação, ter um Estado, estabelecer fronteiras. Não obstante, se a pergunta não fosse feita, não existiriam os conflitos entre as nações, nem o desejo de independência de alguns territórios, nem se teria inventado o multiculturalismo como a devida deferência a todas e a cada uma das culturas, ainda que se encontrem numa mesma nação. A educação é uma fábrica de identidades, especialmente nos lugares onde elas se mostram mais ameaçadas e vulneráveis. Porque, pergunta-se Grosser, ao invés de produzir identidades, a educação não nos ensina a distanciarmo-nos relativamente à própria identidade? Isso seria formar mentes maduras e críticas, e não o contrário. Uma identidade que nunca se colocou em causa não é livre. Como escreveu George Steiner, os seres humanos não têm raízes, têm pernas para se movimentarem de um lado para o outro.

130| ELOGIO DA DÚVIDA

Outra característica das identidades é a sua exclusividade, uma vez que definem o que é próprio tendo em vista algo que fica fora delas. O católico não é nem protestante nem islâmico, e contempla ambas as religiões com precaução ou desprezo. O budismo não é uma religião monoteísta. O europeu não é nem americano nem asiático. Ocidente e Oriente não existiriam se não fossem realidades opostas. Não se afirma uma identidade sem construir outras identidades que, necessariamente, ficam excluídas da primeira. É a tese de Edward Said a propósito do que ele denomina a ficção sobre o Oriente, segundo a qual o orientalismo é uma criação ocidental. A consideração do que é próprio como aquilo que é normal, o etnocentrismo propriamente dito, condiciona-nos a olhar para o outro como algo incompreensível e estranho. É a pergunta que se coloca Usbek nas *Cartas Persas*: «Como é possível ser persa?»

Um dos progressos alcançados ao longo da história da humanidade foi o da abertura a ideias e costumes alheios às próprias. A pergunta de Montesquieu sobre os Persas seria hoje impensável, o cúmulo do politicamente incorreto. Foi o liberalismo que produziu essa abertura em nome da virtude da tolerância como indispensável para a vida em comum. Um valor intrínseco às democracias liberais é o pluralismo religioso e político. Reconhecê-lo significa, por sua vez, aceitar todas as ideologias e formas de vida que se apresentem, por mais incómodas que sejam para os autóctones, sempre que não violem os direitos fundamentais. É o direito à liberdade, a viver como cada um quiser, que obriga não apenas a tolerar, mas a respeitar todos aqueles que estão nos antípodas das próprias convicções. O fanatismo que se expressa violentamente é incompatível com o pluralismo democrático. A violência é o desrespeito absoluto pela liberdade do outro. Ora bem, não são apenas as identidades que se manifestam através da violência física que perturbam e distorcem o jogo democrático. O exemplo mais claro, encontramo-lo nas atuais reivindicações nacionalistas e no surgimento de partidos xenófobos e racistas em vários países da Europa. Inclusive naquela Europa que sempre esteve na linha da frente no que diz respeito à defesa da tolerância ou da fraternidade, como é o caso da Holanda ou da França.

Hannah Arendt escreve que «a realidade política fundamental do nosso tempo é determinada por dois factos: por um lado, baseia-se nas "nações" e, por outro, está sob a permanente perturbação e a total ameaça do "nacionalismo"».[66] No mundo moderno, a civilização renunciou à pretensão à universalidade para aceitar formas de civilização particulares, nacionais. A razão está na identificação do Estado com a nação. Esta veio substituir o que Deus outrora representou, de tal modo que o nacionalismo é uma nova forma de religião. Uma religião civil cuja função é coerir os cidadãos de um Estado e mantê-los unidos em torno de ideais comuns. O cimento que proporciona o sentimento nacional serve para unir uma sociedade cada vez mais atomizada. Desse modo — e cito Arendt:

> «Enquanto o Estado como instituição legal assumia como seu dever proteger os direitos dos homens, a sua identificação com a nação implicava a identificação do cidadão com o nacional, resultando daí uma confusão dos

---

[66] ARENDT, Hannah, «La nación», *Ensayos de comprensión 1930–1954*, Barcelona, Caparrós Editores, 2005, pp. 255–260.

132| ELOGIO DA DÚVIDA

direitos do homem com os direitos dos nacionais ou com os direitos nacionais.»[67]

Resumindo, o Estado identificou-se com a nação ou foi conquistado e instrumentalizado pela nação. O que, na pior das hipóteses, pode dar lugar, e deu lugar, a desvios totalitários e que, em todo o caso, apresenta uma particular dificuldade de encaixe entre o individual e o coletivo difícil de resolver. Arendt aponta a ideia de federação como a melhor maneira de converter a nacionalidade «num estatuto da pessoa em vez de num estatuto territorial». A única coisa que acrescentaria a identidade nacional ao Estado seria a característica de que este exerce as suas competências dentro de um quadro territorial limitado.

O processo de secularização no Ocidente deu lugar àquilo a que poderíamos chamar «religiões seculares», das quais o nacionalismo é uma das mais importantes. A existência de Estados, na era da globalização, inibe as decisões necessárias para fazer face aos problemas globais, e é assim por causa da adscrição dos Estados a uma realidade nacional que os dota de algo suplementar relativamente ao facto de serem um mero artifício jurídico-administrativo. Da mesma forma que a religião cristã soube introduzir a liberdade individual em relação à política e acabou por se privatizar (pese embora algumas expressões religiosas conservarem ainda muita presença pública nos casos em que foram hegemónicas), o salutar seria conseguir que o sentimento nacional se individualizasse e que deixasse de ser visto como uma condição necessária à condição de cidadão que cabe a todo e qualquer indivíduo que pertence a um Estado. A grande conquista do

---

[67] *Ibid.*

liberalismo foi salvaguardar o indivíduo de intervenções do Estado que fossem supérfluas ou que representassem um entrave à consecução do modo de vida que cada um escolhe para si. O que propiciou a secularização foi a desconfiança relativamente às aparências, que se inicia com a dúvida cartesiana. Dessa dúvida fez eco também a ciência a partir do momento em que começou a levantar questões, a respeito, por exemplo, da hipótese de a Terra não ser o centro do universo, como sempre se havia intuído. Porque não desconfiar também do que encobrem as identidades nacionais?

Como disse Kierkegaard, «a dúvida não é vencida pelo conhecimento, mas pela fé, tal como foi a fé que trouxe a dúvida ao mundo». O crente religioso que chegou a interiorizar a fragilidade da fé pode, a partir da dúvida, ou dar um salto no escuro, que consiste em reafirmar-se na sua fé, ou então permanecer na dúvida e converter-se num agnóstico. Por terem sido introduzidas no nosso mundo a incerteza e a dúvida, o nosso mundo «é espiritualmente um mundo secular», ratifica Hannah Arendt.[68] Todos os artifícios idealizados para tornar coeso o grupo humano, seja a religião, a nação ou qualquer narrativa ideológica que pretenda determinar o devir humano, merecem a mesma desconfiança que a fé em Deus. E devem ser geridos por cada indivíduo em função das necessidades e das inclinações de cada um. Tentar fazer deles um instrumento de poder para homogeneizar o grupo, e para, em última análise, o instrumentalizar melhor, é mais uma forma de dominação que ameaça atentar contra as liberdades individuais.

Costumamos falar com desprezo do individualismo próprio do nosso tempo, um traço que conseguiu atomizar as sociedades em indivíduos em que cada um só quer saber de

---

[68] «Religión y política», *op. cit.*

134| ELOGIO DA DÚVIDA

si, sem sensibilidade alguma para com o interesse geral ou o bem comum. À falta de melhor, e produto igualmente da ideologia liberal, a ideia de nação cumpriu a função de coerir as pessoas que deviam participar numa empresa comum. Por oposição ao individualismo, ergue-se, no entanto, outro ideal que é o da «individuação» e que significa que um indivíduo, num Estado de direito, «deve tornar-se sujeito».[69] Para nos tornarmos sujeitos há que sermos corajosos e resistirmos ao processo de «normalização» levado a cabo pelos líderes das democracias para evitar o perigo de entropia que ameaça todo o fenómeno humano. Contra esta tendência, o indivíduo deveria esgrimir a sua «insubstituibilidade», a convicção de que a sua condição de sujeito o obriga a construir uma individualidade que o torna insubstituível porque cada indivíduo é único. Cynthia Fleury tem razão quando afirma que é a construção da individualidade e não o vergarmo-nos acriticamente à normalização aquilo que protege o Estado de direito. Individualizarmo-nos é resistirmos ao poder que acaba sempre por ser dominação: «*Individualizar-se*, tornar-se sujeito, implica sair do estado de menoridade no qual, do ponto de vista natural e simbólico, nos encontramos.»[70]

Individualizar-se não significa aspirar à autossuficiência. Aristóteles di-lo muito claramente:

> «Quem for incapaz de se associar ou que não sinta essa necessidade por causa da sua autosuficiência, não faz parte de qualquer cidade, e será um bicho ou um deus.»[71]

---

[69] FLEURY, Cynthia, *Les irremplaçables*, Gallimard, 2015.

[70] *Ibid.*

[71] Aristóteles, *Política*, Lisboa, Vega, 3.ª edição, 2019, Livro I, 2. — «Origem da cidade: casal, família, aldeia», p. 55. Tradução e notas de António Campelo Amaral e Carlos de Carvalho Gomes.

Ninguém se constrói como sujeito à margem da inter-subjetividade, da relação com os outros que só a comunidade lhe pode proporcionar. Mas essa construção tem de ser pessoal, feita a partir do distanciamento do que recebemos como dado e de tudo aquilo que se pretende naturalizar a partir da vontade de conseguir grupos homogéneos. As nações construíram-se assim, com a ajuda da educação, da unificação linguística, do serviço militar, de tudo aquilo que podia servir para que o sujeito, acima de tudo, se visse a si mesmo como pertencente a um conjunto com sentido. Todo o nacionalismo visa «normalizar» os seus membros. Uma comunidade nacional pretende que os seus membros sejam iguais, não enquanto sujeitos com os mesmos direitos, mas na assunção de uma diferença cultural que os constitui como nacionais. O destino das nações correu paralelamente à afirmação do indivíduo que se torna «individualismo», em sentido pejorativo, porque é indiferente ao que é alheio. A afirmação da nação como um conjunto de traços distintos e dignos de serem conservados perverte-se ao converter-se na norma que obriga a quem se insere nela a moldar-se de acordo com o estabelecido. O diferente transforma-se de algo oferecido e desejado num imperativo de cumprimento obrigatório.

8

O GOSTO PELAS NUANCES

Desde o princípio que os filósofos intuíram que o caminho para o conhecimento passava por nos encarregarmos das palavras, como gosta de dizer Emilio Lledó, «no principio foi a palavra».[72] E explica que esse é o significado do substantivo *mythos* quando ele começa a aparecer na *Ilíada*: significa «palavra», «dito», «conversa». A maioria dos *Diálogos* de Platão consistem em discussões em torno de palavras, conceitos que utilizamos sem pensarmos qual é o seu verdadeiro significado. Sócrates dedica-se repetidas vezes a questionar esses usos linguísticos não analisados, que costumam encerrar contradições. O primeiro livro de *A República* narra uma conversa, em casa de Céfalo, entre Sócrates, Glauco e Adimanto, a respeito do significado de «justiça». A partir da colocação em causa da definição comummente aceite de justiça — «justiça é dar a cada um o que é seu» —, discorrem até chegarem ao tema central do texto que é a descrição da cidade justa. As palavras não nomeiam a coisa, apenas nos aproximam dela, e fazem-no conferindo-lhe um sentido que determina quem tem capacidade e poder para nomear. É a célebre exclamação de Humpty Dumpty: para conhecer o significado real de uma palavra, o que importa é saber quem manda.

---

[72] LLEDÓ, Emílio, *Fidelidad a Grecia*, Valladolid, Cuatro ediciones, 2015.

140| ELOGIO DA DÚVIDA

Ter voz no espaço público é ter poder. Desde que existem os meios de comunicação de massa — expressão que na época das redes sociais é já obsoleta, mas que ainda serve para entender a que é que nos estamos a referir — que o poder da palavra e da imagem cresceram desmesuradamente. O que em tempos se conhecia e se sabia através do simples contacto com o meio mais próximo, chega-nos hoje por intermédio de uma informação massiva que nos põe diante dos olhos a representação daquilo que acontece no mundo inteiro. Toda a informação é manipulação, para o bem e para o mal. Se bem que «manipular» não deva ser sempre entendido em sentido pejorativo. A manipulação é inevitável, uma vez que as palavras são as mediadoras entre uma realidade incognoscível na sua totalidade e a perceção parcial que dela temos. Os falantes, os informadores, os opinadores, fornecem com a sua linguagem não apenas o significado estático de uns quantos vocábulos, mas o sentido do que se quer dizer ao usá-los. Wittgenstein escreveu que as palavras são como pontos, enquanto as proposições são setas que apontam um sentido. A linguagem transmite ideologia, os conceitos estabelecem hierarquias, valorizam, indicam em que é que nos devemos fixar e deter o olhar.

Edgar Morin cunhou a expressão «imaginário coletivo» para se referir ao conjunto de mitos, símbolos, ideias ou argumentos que configuram uma espécie de mentalidade, uma visão do mundo, partilhada pelos membros de uma sociedade. São sobretudo os meios de comunicação que transmitem imaginários, muitas vezes de modo subliminar, impercetível para os sujeitos que recebem as mensagens. Como uma chuva miudinha, vão lentamente impregnando o indivíduo de algumas das maneiras de ver a realidade promovidas pelos discursos estabelecidos, produzidos pelos interesses políticos, económicos e culturais dominantes. Digamos que os imaginários se contagiam por imersão nos discursos, não é preciso explicar porque é que um termo foi substituído por outro, porque é que se começa a impor uma determinada imagem ou porque é que algumas expressões começam a ser utilizadas enquanto outras caem em desuso. Toda a mudança tem a sua razão de ser, mas torná-lo explícito compromete a eficiência.

Os regimes totalitários foram particularmente eficazes quando se tratou de fabricar uma linguagem que configurasse a perceção da realidade e que fosse assimilada pelos indivíduos de uma maneira uniforme, sem que estes se chegassem a aperceber disso. Victor Klemperer, em *La lengua del Tercer Reich*, dá conta de como o ambiente nazi se foi propagando na Alemanha de uma forma sub--reptícia e subtil. Chegou uma altura em que as pessoas mais simples e sem pingo de duplicidade, que não comungavam das ideias nazis, «se haviam impregnado dessa componente do veneno nazi». Klemperer demonstra-o através do exemplo de Frieda, uma colega de trabalho numa fábrica onde, sublinha, «não reinava um ambiente particularmente nazi». Não obstante, ao ser questionado o escritor a respeito da saúde da sua mulher, a tal Frieda atalha de repente, achando estranho: «Albert diz que a sua senhora é alemã. É realmente alemã?» Klemperer comenta:

> «Essa alma simplicíssima, que sentia de uma maneira completamente humana e alheia ao nazismo, tinha sido impregnada pelo componente básico do veneno nazi; identificava o alemão com o conceito fantasioso do ariano; parecia-lhe quase inconcebível que uma alemã estivesse

142| ELOGIO DA DÚVIDA

casada comigo, com um estrangeiro, com uma criatura pertencente a outra categoria do reino animal, tinha ouvido
e repetido demasiadas vezes expressões como «estranho
à raça» e «de sangue alemão» e «de raça inferior» e «nór-
dico» e «corrupção racial». Seguramente não tinha uma
ideia clara de nada disso... mas o seu sentimento não con-
seguia conceber que a minha mulher fosse alemã.»[73]

O problema dessa chuva miudinha que faz com que
expressões aparentemente inócuas e descritivas penetrem
na alma de cada um, como quem não quer a coisa, é que
acabam por vulgarizar o sentido de tais expressões. É assim
que frases e opiniões infelizes, contrárias aos valores que
supomos mais estabelecidos e intocáveis, como aqueles que
proclamam a dignidade de todo o ser humano, suscitam
sentimentos que são aceites como sendo o modo normal
de reagir diante de realidades até então inquestionáveis ou
perante situações novas. Um exemplo atual do que estou a
dizer temo-lo na forma como, na Europa, conceptualizamos
os movimentos de refugiados que vêm em busca de asilo e
proteção. A linguagem utilizada para os nomear, para os
acolher ou rejeitar, produz nos indivíduos sentimentos que
não são naturais, mas, antes, «fabricados» para que a opinião maioritária seja a que mais convém ao poder. Os meios
de comunicação públicos têm sido frequentemente criticados por serem meros transmissores das informações e das
linguagens que convêm ao governo que está em funções.
É a tese do clássico *Public Opinion*, de Walter Lippmann:
o papel da chamada opinião pública é fabricar a aprovação

---

[73] KLEMPERER, Victor, *La lengua del Tercer Reich*, Barcelona, Minúscula,
2001, pp. 143 e ss.

dos cidadãos a fim de que aceitem facilmente as propostas dos governos. Se nos regimes totalitários a construção da opinião se realiza sem dissimulação, de forma que as mentes mais atentas reconhecem de imediato o embuste, nas democracias produz-se de um modo ténue e impercetível para aqueles que estão menos vigilantes. Desde que se cumpram as condições formais de uma sociedade livre e aberta, os discursos dominantes não são criticados, muito poucos os põem em causa para se questionarem se os sentimentos que suscitam são os adequados, quem os promove, porquê e com que fins.

No meu livro *El gobierno de las emociones*, propus-me desenvolver duas ideias: (1) a importância das emoções como motivação do comportamento moral; (2) a necessidade de moldar os sentimentos às diretrizes da razão. O comportamento ético, como dizia, requer aprender a governar os sentimentos, não a eliminá-los como se fossem paixões ignóbeis ou caóticas, mas, sim, a redirecioná-los de forma que se ajustem a critérios racionais. A maioria dos sentimentos são ambivalentes, podem ser adequados ou inadequados para o bem-estar da vida individual e coletiva. Apenas alguns sentimentos, como o ódio, podem ser considerados sempre inapropriados. O medo do outro, ou a vergonha de nós próprios, por exemplo, não são, em si mesmos, sentimentos positivos ou negativos, ambos podem alicerçar-se, ou não, em razões coerentes com os princípios da ética. Um corrupto ou um violador deveriam ter vergonha de ser como são. Não é razoável, em contrapartida, que um judeu tenha de sentir vergonha pelo facto de ser judeu. É razoável que a eclosão do racismo e da intolerância produzam medo; ter medo de ter refugiados ou imigrantes por vizinhos não o é. Saber calibrar o valor dos sentimentos e como eles contribuem para criar uma sensibilidade que mereça o atributo de moral, uma sensibilidade não distorcida, é a marca da maturidade moral. A razão precisa das emoções, porque, por si só, é fria e ineficaz, carece de fascínio para atrair as pessoas para as causas que merecem um entusiasmo coletivo. Por sua vez, a paixão pura e desenfreada, sem o critério racional, é um mau suporte para a ação coletiva que visa um bem comum. Os sentimentos na vida pública são tão necessários quanto perigosos. Por isso há que apelar ao discernimento.

Discernir é um termo vinculado à consciência que pode ser definido como a capacidade de discernir entre o correto e o incorreto. Uma função cada vez mais necessária quando vivemos envoltos numa retórica que é a do mercado e que se serve da publicidade para vender qualquer tipo de produto. A retórica publicitária invadiu tudo, até mesmo aquilo que não se compra com dinheiro. Faz as vezes daquilo que, na época dos sofistas, era designado por má retórica: a que serve a interesses particulares e não a causas justas. Na política, a propaganda substitui o discurso racional, porque vai direta ao sentimento que é aquilo que mobiliza as pessoas. Na era do audiovisual, as imagens — como alertou Sartori[74] — relegaram para segundo plano o pensamento e o raciocínio, razão pela qual contamos cada vez com mais recursos e mais efetivos para fomentar atitudes que surgem espontaneamente, que não são ponderadas de nenhum ponto de vista, e que são obstáculos para a convivência. As mensagens que pretendem incutir ódio ou cólera são, pelo contrário, mais simples e eficazes do que

---

[74] SARTORI, Givanni, *Homo videns*, Madrid, Taurus, 1997.

as que produzem desassossego.[75] Provam-no de uma forma inequívoca os debates televisivos onde a gritaria e a desqualificação mútuas são a norma.

As épocas de incerteza e de crise a todos os níveis, como a que estamos a viver desde que se iniciou o novo século, são propícias a reações políticas desmesuradas, que ou se propõem desviar a atenção dos problemas que pedem soluções, ou tentam coerir as pessoas com lemas e *slogans* que facilmente mobilizam porque estimulam as emoções e criam motivos para o entusiasmo coletivo. Os dois fins não são incompatíveis, costumam mesmo ser complementares. Agora chamamos «populismo» à tendência que procura ganhar a adesão das pessoas através de ideias simples, de expressões «anti», que simplesmente denigrem o adversário. O populismo simplifica o complexo, quer fazer-nos crer que existem soluções definitivas — mudanças sistémicas, estruturais, chamam-lhes — para todos os problemas que se nos colocam, por mais complicados que sejam.

O antigo nome do populismo é «demagogia»: a utilização de preconceitos, de lisonjas, de promessas para conseguir o poder político. Os filósofos gregos viam na demagogia a deterioração da democracia. Uma deterioração fácil, porque, sobretudo quando a situação económica e política é difícil, não é raro aparecer um caudilho ou um líder que arrasta as massas com promessas ou com a sua lábia. Os Gregos sabiam que o governo dos muitos podia acabar por se tornar um governo manipulador e usar a adulação para obter benefícios que favoreciam as elites dominantes. Os demagogos — escreveu Aristóteles — levam

---

[75] NEUMAN, R., *et al.* (org.), *The Affect Effects*, Chicago, The University of Chicago Press, 2007.

146| ELOGIO DA DÚVIDA

todos os assuntos ao povo, «a sua importância advém de o povo dominar em todas as situações, e de eles próprios, por seu turno, dominarem a opinião popular, sabendo de antemão como a multidão lhes obedece [...] Nuns casos, os demagogos, para favorecer a classe popular, tratam injustamente os notáveis, quer repartindo as riquezas deles, quer reduzindo os seus rendimentos com maiores impostos; noutros casos, lançam calúnias contra os notáveis no intuito de lhes confiscar os bens».[76] Não faltam hoje movimentos e partidos políticos que deslumbram as massas e fazem-nas vibrar através da simplicidade que utiliza fórmulas estridentes para evitar o que é complexo e difícil de explicar.

Víctor Lapuente refere-se a apogeus populistas no seu livro *El retorno de los chamanes*[77]. Contrapõe a figura do «xamã» à da «exploradora». O xamã seduz e deslumbra com promessas de grandes políticas e de transformações radicais ao mesmo tempo que se dedica a desacreditar os seus oponentes e a apontar culpados para a deplorável situação em que as pessoas se encontram. A exploradora, em contrapartida, vai passo a passo, responde a problemas concretos propondo tentativas que são corrigidas quando se verifica que não funcionam. O xamã, de esquerda ou de direita, com as suas grandes expectativas, paralisa a sociedade. A exploradora, com expectativas menores e mais pragmáticas, faz com que a sociedade avance. No entendimento de Lapuente, que ilustra a sua teoria com numerosos exemplos, os países nórdicos europeus tendem a servir-se de políticas exploratórias, não dependentes de grandes

---

[76] *Op. cit.*, 1292a, pp. 291–293 e 1305a, pp. 371.

[77] LAPUENTE, Víctor, *El retorno de los chamanes*, Barcelona, Península, 2015.

princípios e verdades, mas, antes, destinadas a resolver problemas concretos. O Sul da Europa, pelo contrário, caracteriza-se por dar crédito aos xamãs que seduzem com expressões consagradas: «postulados social-democratas», «tentação neoliberal», «modelo educativo», «identidade local», «democracia direta». Todas elas abstrações que não se sabe aonde levam nem revelam quais são as suas consequências práticas. Em contrapartida, em países como a Finlândia, a Dinamarca ou a Suécia, que são modelos reais de social-democracia e com um Estado de Bem-Estar sólido, os seus políticos raramente invocam princípios como os de salvar a social-democracia ou introduzir um modelo educativo. Concentram-se em combater as deficiências de que sofre a cidadania no que respeita aos serviços sociais ou à educação, e geralmente conseguem-no.

Além de fazerem bandeira de grandes conceitos pouco claros, as políticas populistas são peritas em inventar expressões que configuram essa ideia ou imaginário coletivo que determina a maneira de pensar, sentir e estar no mundo dos membros de uma determinada sociedade. Na Catalunha, o movimento independentista que irrompeu nos últimos quatro anos não pode ser explicado unicamente como reação face a uma postura hostil do Governo espanhol, que tem também a sua responsabilidade no imbróglio. O sentimento independentista há muitos anos que se estava a incubar. O chamado «pujolismo» tinha conseguido «nacionalizar» o território através de símbolos, imagens e fórmulas que foram impregnando as pessoas e construindo a realidade de uma Catalunha à margem da Espanha. O famoso «facto diferencial», tantas vezes esgrimido, já não precisa de uma reivindicação factual porque as gerações nascidas em democracia e no seio de um

148| ELOGIO DA DÚVIDA

Estado de autonomias foram educadas na conceção de que a Catalunha não só é diferente do resto da Espanha, como não faz parte dela nem compartilha a mesma identidade. Expressões como «Estado espanhol», «Catalunha e Espanha», «*TV3, la nostra*», conseguiram vulgarizar a sensação de viver num lugar que não é exatamente Espanha. Na mesma linha, contribuíram para a construção do imaginário nacional catalão através, por exemplo, da reiterada pergunta feita à população sobre o grau de identificação com Espanha («sente-se: (a) mais catalão do que espanhol; (b) apenas catalão; (c) tanto catalão como espanhol»); do desaparecimento do mapa de Espanha das escolas e do boletim meteorológico (não só na Catalunha, mas em qualquer comunidade autónoma); da adjudicação do atributo «nacional» a todas as instituições públicas (Teatre Nacional de Catalunya, Museu Nacional de Catalunya, Ràdio Nacional de Catalunya). E assim por diante.

Todas as posições extremas que se pretendem transformações radicais gostam de utilizar expressões em grandes parangonas, que qualificam a realidade e a classificam privando-a de qualquer nuance. Às vezes, a partir de perspetivas mais teóricas e intelectuais, recorre-se à abstração. Noutras ocasiões, utiliza-se a concreção, a referência concreta para pôr em evidência, como dizia, o facto de a Catalunha não ser Espanha. Os países que viram nascer partidos racistas, contrários à imigração, geradores de islamofobia (algo que, felizmente, não aconteceu entre nós até agora, e sim em países teoricamente mais «instruídos»), procuram igualmente introduzir uma linguagem propícia a que a população rechace o forasteiro. O objetivo é criar um fosso em relação àquilo que estorva, situar-se num plano não contaminado que se identifica com o bem comum.

Recordemos o apelativo «casta» com que se estreou o discurso político do Podemos. Todos, exceto os excluídos da sociedade e, claro está, eles próprios, pertenciam a essa desprezível oligarquia. Todas estas posições pobres em nuances não contribuem em nada para evitar as grandes dicotomias — «esquerda-direita», «conservadores-progressistas», «separatistas-unionistas», mas, sim, para as reforçar.

Os operadores mediáticos e as redes sociais são o adubo perfeito para que a linguagem das parangonas se alastre e se vulgarize. Fazem com que os preconceitos se mantenham, por muitos que sejam os argumentos para os eliminar. De repente, achamos estranho que a Europa se tenha tornado pouco hospitaleira e que as boas intenções de Angela Merkel em relação aos refugiados não encontrem nenhuma cumplicidade. Merkel é agora um empecilho para os seus. Analisar a razão de se ter produzido uma mudança cultural como esta não é simples, mas é necessário fazê-lo. Analisar as razões e tomar medidas para pôr termo a atitudes que não podem ser qualificadas de civilizadas. Uma dessas medidas é a educação, a formação de uma cidadania instruída, capaz de pensamento crítico, disposta a analisar os discursos dominantes. Uma cidadania, diria eu, amante das nuances e não das palavras de ordem nem dos *slogans* dos cartazes.

O apelo constante à educação é um recurso recorrente mas inoperante. Pôr tudo nas costas das instituições educativas, quando tudo permanece na mesma, é injusto e pouco eficaz. Podemos fixar-nos em elementos educativos concretos. Por exemplo, os hábitos de leitura. Educar é, entre outras coisas, ensinar a ler. Sabemos pelas estatísticas, relatórios PISA e *tutti quanti*, que as crianças espanholas não atingem um nível satisfatório de leitura, e que os mais

150| ELOGIO DA DÚVIDA

crescidos tampouco se destacam por esse interesse. A invasão da imagem não ajuda à concentração que exige não só saber ler, mas também desfrutar do que se lê. Ler, como escreveu Alberto Manguel, é uma atividade lenta e solitária, um estímulo para o pensamento. Um bom leitor acaba por adquirir critério para distinguir a boa da má literatura. E ainda que tornarmo-nos cultos não seja garantia de nada, pois é bem sabido que os nazis podiam ser grandes amantes de ópera e de boa música, não deixando, por isso, de serem criminosos, seguramente que estaríamos muito pior se os grandes clássicos da literatura, da filosofia ou da arte, deixassem de despertar interesse.

O ambiente silencioso de que necessita a leitura fez com que o leitor inveterado seja visto com desconfiança, como um tipo estranho, isolado do mundo, arrogante ou distraído, inativo e ocioso, perigoso em muitos casos. Platão denegriu o texto escrito porque acreditava que obstava ao uso da memória. Se os seres humanos aprenderem a arte da escrita — diz Sócrates a Fedro —, esta «semeará nas suas almas a semente do esquecimento; deixarão de exercitar a memória, porque se fiarão no que está escrito, e não se recordarão das coisas procurando-as no seu interior, mas, sim, através de sinais exteriores». Outros viram na condição isolada do leitor o perigo de um pensamento livre, um desafio ao poder de qualquer tipo. A leitura controlada e comunitária, em voz alta, dos conventos, respondia, entre outras coisas, ao temor da interpretação livre dos textos bíblicos. O pedagogo francês Juan Bautista de La Salle escreve em *Reglas del decoro en la urbanidad cristiana* (1703): «Não imiteis certas pessoas que se dedicam à leitura e a outros assuntos; não ide para cama se não for para dormir; dessa forma a vossa virtude sairá muito beneficiada.»

É um facto que a leitura teve consequências revolucionárias. O gosto pela leitura foi visto como um dos fatores que propiciou a Revolução Francesa. O suporte ideológico que proporcionavam os iluministas alargou a leitura à burguesia, que se amparou nessas ideias, pois eram as que melhor falavam dos seus problemas e interesses. A *folie de la lecture* desencadeada no século XVIII, conta Alberto Manguel, determinou a passagem de leituras «intensivas» de carácter religioso para um leitor «extensivo» aberto a qualquer coisa, laicizado, individualista, moderno: «Os burgueses que impulsionaram o Iluminismo estavam convencidos de que o caminho para o bem, tanto imanente como transcendente, passava pela leitura.»[78]

«Uma vida não analisada não é digna de ser vivida», proferiu Sócrates na apologia que pronunciou antes de se entregar à morte a que foi condenado pelos seus adversários. O nosso mundo é tão frenético e vive tão empenhado em destacar a remuneração material do que se faz, que não deixa nem tempo nem espaço para a reflexão ou para o questionamento das razões que subjazem aos discursos dominantes. A autoanálise a que se refere Sócrates é absolutamente necessária se aquilo a que nos propomos, com o desenvolvimento do conhecimento, for o cultivo do que é propriamente humano. Por outras palavras, se queremos pôr o conhecimento ao serviço da humanidade. A educação humanística, que se desenvolve sobretudo com a leitura, pode contribuir para essa tarefa de análise e de reflexão sobre o fazer humano.

---

[78] MANGUEL, Alberto, *Una historia de la lectura*, Madrid, Alianza/Fundación Germán Sánchez Ruipérez, 1998 [Trad. port.: *Uma História da Leitura*, Editorial Presença, 1999].

152| ELOGIO DA DÚVIDA

Digo «pode contribuir», porque não é claro que o ensino das humanidades busque tal fim. Precisamente porque todas as ciências tomaram como modelo o desenvolvimento das ciências empíricas, é fácil que também as ciências humanas renunciem àquilo que as torna singulares e distintas, aquilo que constitui nelas um fim em si mesmo, que é afinal o que justifica a sua defesa. Por um lado, não souberam evitar a sua própria fragmentação em especialidades cada vez mais pequenas e míopes e, consequentemente, esquivaram-se ao esforço das visões de conjunto imprescindíveis para fazer comparações e sopesar os diferentes pontos de vista. Encerradas no «especialismo» tão malquisto por Ortega, as humanidades não se põem ao serviço do conhecimento em geral, mas ao serviço de si mesmas, de uma reprodução interna de cada disciplina sem aberturas para o exterior. No entanto, a educação humanista, para o ser verdadeiramente, deveria esforçar-se por levar o seu saber *in partibus infidelium*, e estar presente onde o pensamento reflexivo está mais ausente porque outros objetivos são mais perentórios por serem mais práticos. Se o estudo das humanidades tem alguma coisa que ver com o «cultivo do humano», as humanidades deveriam ser objeto de estudo ao longo de todo o ensino superior, em qualquer dos graus ou disciplinas, como instrumento de formação da pessoa ou do futuro profissional que deve conseguir adquirir um olhar rigoroso e competente sobre a sua matéria de estudo, mas, ao mesmo tempo, crítico e reflexivo. O que, na criação das primeiras universidades, foi denominado de «estudos gerais», e que teve a função de instruir, literalmente, todos os estudantes sem exceção, é aquilo que hoje deveria ser retomado pelas humanidades como tarefa própria.

O GOSTO PELAS NUANCES |153

Para a filósofa Martha Nussbaum, o «cultivo da humanidade», título de um dos seus livros mais recentes, tem que ver com a capacidade de transcender o mero conhecimento factual e examiná-lo com sentido crítico, bem como com a habilidade de nos analisarmos criticamente a nós próprios e às nossas tradições. Ou seja, não tomar o que nos dizem que são as coisas por algo indiscutível, mas pedir explicações e exigir nuances. Acostumados aos cabeçalhos mediáticos, as nuances desaparecem. O economista Amartya Sen foi sempre um grande defensor do raciocínio moral como um dos ingredientes necessários da economia e das restantes ciências. Uma *rara avis* da economia, sem dúvida, nos tempos que correm. Para o explicar, refere-se ao significado sânscrito da palavra «Filosofia» que significa «ver claramente»:

> «A filosofia tem muito que ver com clarificar as coisas, não por intermédio do conhecimento especializado, mas através do raciocínio. É possível, claro está, ser maravilhosamente lúcido e estar completamente equivocado. No entanto, a lucidez não ajuda à preservação de crenças sem fundamento, de deduções tolas, de preconceitos infundados ou à justificação do sofrimento desnecessário. Bem, tudo isto fala já a favor de um raciocínio lúcido, mesmo que isso não resolva todos os nossos problemas.»[79]

Um raciocínio lúcido? Que outra coisa pode significar o cultivo daquilo que mais propriamente caracteriza o ser humano? O *logos*, a essência do humano, traduz-se por

---

[79] Citado por NUSSBAUM, Martha, *El cultivo de la humanidad. Una defensa clásica de la reforma de la educación liberal*, Barcelona, Paidós, 2005.

154| ELOGIO DA DÚVIDA

«razão» e «linguagem». Porque falar, quando não é repetir palavras como um papagaio, inclui o raciocinar. Em catalão dizemos *enraonar* em vez de falar, isto é, associar razões. Ainda que ter a palavra exata não signifique ser coerente com o que literalmente significa. Como toda a gente, também nós, Catalães, utilizamos com frequência a linguagem sem que o uso da razão interfira. Assumir as palavras, isso que os filósofos entendiam como primordial, é o que leva a suspeitar, analisar e matizar os discursos estabelecidos.

9

A FILOSOFIA COMO FICÇÃO

No prólogo à tradução das *Cartas Persas*, de Montesquieu, Paul Valéry começa com uma ideia sugestiva. Defende ele que, no momento em que se constitui a sociedade, se dá a passagem ou a elevação «da brutalidade à ordem». Aquilo que antes eram factos brutos naturais é agora submetido à constrição de uma ordem que põe cada coisa no seu devido lugar. É a passagem dos factos às ficções. Cito diretamente o autor: «Uma vez que a barbárie é a era do facto, é necessário que a era da ordem seja o império da ficção. Não há poder capaz de impor a ordem apenas através dos factos, pela simples coação de corpos por outros corpos. São necessárias forças fictícias.» E ainda: «A ordem exige *a ação presencial de coisas ausentes*, e resulta do equilíbrio dos instintos face aos ideais.»[80]

A passagem da desordem natural à ordem social, aos diversos modos com que os humanos tentaram ordenar as sociedades em que vivem, materializa-se numa série de convenções e de ideias sobre formas de viver ou de se organizar, e consiste na construção de uma realidade e de uma conceptualização que estabelece vínculos imaginários entre as pessoas, criados *ab novo*, com o intuito de manter um mundo administrável e ordenado. Dito de outra forma: toda a sociedade é criada a partir da ficção do que deve

---

[80] VALÉRY, Paul, *Variété I et II*, Paris, Gallimard, 1924, 1930, pp. 171–186.

158| ELOGIO DA DÚVIDA

ser e ainda não é, toda a sociedade é um artifício que se propõe tornar real maneiras de ser e de viver em comum que não emanam daquilo que imaginamos como sendo os impulsos mais naturais do indivíduo.

Um dos propósitos de Montesquieu nas *Cartas Persas*, um livro considerado de um principiante e juvenil, é colocar a sociedade francesa frente a si mesma, com o objetivo de a fazer sair do ensimesmamento próprio dos indivíduos que se creem superiores ao resto dos mortais. O mecanismo de oferecer uma perspetiva diferente da própria — a de Usbek, que encarna o próprio Montesquieu — é a melhor maneira de fazer ver o absurdo e a estranheza dos costumes, a particularidade das crenças e dos sentimentos que até então se tinham por adquiridos e cujo valor não ocorria a ninguém questionar. O recurso literário serve ao barão de Montesquieu para atacar numa crítica mordaz os mitos religiosos, os conflitos históricos e as querelas medievais escolásticas, para ridicularizar uns e outros, o que impregna de relativismo o seu discurso, sem que por isso abandone a crença na razão e no progresso, como lhe competia na sua qualidade de pensador iluminista.

A perspetiva relativista que Montesquieu introduz bebe de algum antinaturalismo ou da convicção de que não existem modos de viver mais «normais» do que outros pelo facto de se ajustarem mais às necessidades ou às querenças de uma suposta natureza humana. Daí a afirmação de Valéry de que a passagem do estado bruto à ordem social requer a ficção. De algum modo, há que a inventar. Uma ficção que — há que o dizer em primeiro lugar — começa e se mantém na e graças à linguagem. Com o mundo social, nasce a comunicação através da fala, as coisas precisam de ser nomeadas e, ao mesmo tempo que se dão nomes às coisas materiais, criam-se também conceitos abstratos. Criam-se as ideias de justo, de sagrado, de legal, de decente. A partir daí, erigem-se instituições, símbolos, ritos, costumes, que desenvolvem o conteúdo da legalidade, que encenam a diferença entre o sagrado e o profano, que determinam os limites do que deve ser considerado justo e decente. Uma ordem é sempre normativa, prescreve limites às formas de inter-relação social, introduz um *nomos* com o objetivo de direcionar um mundo que deambulava sem rumo, que não organizava os seus indivíduos, porque jazia entregue aos vaivéns e despropósitos da *physis*.

A segunda ideia que sugere o prólogo de Valéry é a de que esse mundo social que, a seu ver, é pura «magia», um sistema que assenta numa base de «feitiços [...], de escrituras, de palavras aceites, de promessas que há que cumprir, de imagens eficazes, de hábitos e convenções observadas», esse sistema de «ficções puras», acabará por parecer tão natural como a natureza bruta e indeterminada. Rapidamente se esquecerá qual terá sido a origem, o devir, o fundamento da ordem e os costumes estabelecidos. Facilmente, os modos de viver e de agir se convertem na única realidade que somos capazes de justificar como sendo a mais natural e verdadeira. Por isso é que é sempre tão difícil tentar introduzir mudanças e pormos em causa o *status quo*, porque ele não é visto como mais uma ficção entre tantas outras e tão pouco sólida como qualquer uma delas, mas é antes tomado pela própria realidade. A pergunta que sintetiza o espírito das *Cartas Persas* (e à qual já me referi noutros capítulos deste livro) é a que formula um francês, no final da carta 30: «Ah! Ah! O senhor é persa? É uma coisa extraordinária! Como é possível ser

160| ELOGIO DA DÚVIDA

persa?»[81] Comentário de Valéry: «Como é possível ser o que se é?» Para nos fazermos uma pergunta tão metafísica, é preciso sairmos de nós mesmos, não nos reconhecermos no pensamento de que somos o que somos. Unicamente assim, a partir do não reconhecimento e da distância, «todo o social se torna carnavalesco, todo o humano se torna demasiado humano, torna-se singularidade, demência, mecanismo, ninharia.»

Este processo de alienação e de distanciamento daquilo que cada um de nós teve sempre por certo possui a sã virtude de tudo relativizar. Ao apresentarmos como convencional aquilo que tínhamos por válido, sem o questionarmos, revestimo-lo de uma suspeita de ridículo e de absurdo. Tudo se torna demasiado trivial e humano. Além disso, a visão a partir de fora do que parecia sólido e parte essencial de nós mesmos provoca hilaridade. É bom que consigamos rir de nós mesmos e dos nossos costumes, porque eles, no final de contas, não são menos estranhos do que os dos Persas. É o que sempre fez a literatura: introduzir desordem onde se julgava haver uma ordem, «entrar na mente do homem para desconcertar as suas ideias». É dar-se conta de que o mundo das experiências ordenadas, classificáveis e definidas em que vivemos pode facilmente desordenar-se. Tudo depende do que fazemos com elas.

Com as suas *Cartas Persas*, Montesquieu lança uma das primeiras reprimendas históricas à superioridade e ao etnocentrismo dos Europeus. Hoje já não nos surpreende a autocrítica a esse respeito, embora a nossa não seja talvez

---

[81] MONTESQUIEU, *Cartas Persas*, Lisboa, Edições Tinta-da-china, 2015, Carta XXX — «Rica ao mesmo em Esmirna», Tomo I., p. 82. Tradução de Isabel St. Aubyn, Prefácio de Nuno Júdice. [N. do T.]

A FILOSOFIA COMO FICÇÃO |161

ainda a autocrítica perfeita, atendendo a algumas das reações que provoca naqueles que durante séculos se sentiram oprimidos e menosprezados pela cultura ocidental ou pelas classes dominantes. Uns anos antes da publicação das mencionadas *Cartas*, um compatriota de Montesquieu, Michel de Montaigne, tinha inventado um género de escrita, o ensaio, no qual dava conta, entre outras coisas, da confusão e da irresolução próprias do final do Renascimento. Quando Montaigne fala, por exemplo, dos canibais, os Tupinambá do Brasil, refere que é uma nação na qual não há comércio, tipo algum de instrução, não há juízes nem políticos, nem pobres nem ricos, ninguém herda de ninguém, e a única ocupação que os homens têm — conclui — é a de viver sem fazer nada. Estranho? Sim, para nós que ainda vivemos do mito do pecado original que nos condena a trabalhar e a sofrer, que convertemos num direito fundamental a propriedade privada, que fizemos do poder político a forma terrena da autoridade divina, e que incorporámos ao conhecimento da realidade incontáveis representações míticas, tomando-as como se fossem realidades incontestáveis da nossa condição. Montaigne surpreende-se menos com a existência de canibais do que com a sua dignidade, com o facto de estes não serem domados por convenções humanas. É verdade que comem as vítimas que matam na guerra, mas Montaigne pergunta-se «se não haverá mais barbaridade em comer um homem vivo do que morto». Comer os vivos é o que perpetram os usurários ao sugar o sangue das viúvas e dos órfãos até os deixar quase mortos. Seria melhor que os matassem.

Porque é que acreditávamos ser «o espírito do mundo», com a ambição de conhecer os nomes de todas as coisas e esquecer, ao mesmo tempo, a origem fictícia da linguagem

162| ELOGIO DA DÚVIDA

e do que com ela significávamos? Não é que os filósofos não se tenham ocupado de recordar insistentemente, ao longo dos séculos, o artifício dessas construções. Um filósofo idealista como Platão é muito consciente do carácter ideal, imaginário, das suas teorias. Como exemplo, basta o final do livro VI de *A República*. Depois de terminar a explicação minuciosa de como deveria ser a cidade justa, o cético Glauco remata a dissertação de Sócrates com estas palavras demolidoras: «Já percebi, falas de um Estado que apenas nas palavras é possível encontrar, já que não acredito que exista em nenhum lugar da Terra.» Mas não é preciso recorrer às visões utópicas para mostrar que as teorias filosóficas se alimentam de ficções. O racionalismo moderno, que tem como uma das suas preocupações explicar como é possível a ordem social, inventou uma teoria segundo a qual os homens acordaram viver juntos e em ordem, sob o domínio de um Estado, porque lhes era menos danoso se queriam continuar a existir sem se verem continuamente ameaçados. É evidente que a invenção de um contrato social é uma espécie de metáfora, um contrato imaginário e irreal, pois também são fruto da imaginação os conceitos que o justificam. Espinosa é o mais ousado ao afirmar que «todas as noções com que o vulgo costuma explicar a Natureza são somente modos de imaginar, as quais nada dão a saber acerca da natureza do que quer que seja, mas apenas sobre a constituição da imaginação».[82] Na sua opinião, a liberdade, o bem ou o mal, a beleza ou a fealdade,

---

[82] Espinosa, *Ética: Demonstrada à Maneira dos Geómetras*, Coimbra, Biblioteca Filosófica, Dirigida por Joaquim de Carvalho, MCML, Parte I — «De Deus», Proposição XXXVI, Apêndice, p. 94. Tradução, introdução e notas de Joaquim de Carvalho.

a ordem e a confusão não são atributos das próprias coisas, mas produtos da imaginação humana que pensa como se houvesse uma ordem na natureza, como se houvesse coisas formosas e feias, como se fôssemos livres.

Outros dois filósofos que não escondem o artifício que encarna a linguagem referente à organização social são Hobbes e Locke, os dois primeiros teóricos modernos do contrato recém-mencionado. No *Leviatã*, título que dá nome ao Estado como um artifício ou um «deus mortal», Hobbes refere-se ao facto de que «os nomes das coisas que nos afetam [...] tem um significado inconstante, porque nem todas as pessoas são igualmente afetadas pela mesma coisa, nem sequer o mesmo homem é afetado da mesma forma em todos os momentos».[83] É o que acontece, continua a dizer, com os nomes das virtudes e dos vícios, «porque um homem chama sabedoria ao que outro chama estupidez». Por isso não podemos converter essas palavras em fundamento de nenhum raciocínio. São palavras «inconstantes», com significados variáveis e imprecisos, que dependem mais dos nossos afetos e emoções do que das próprias coisas.

O mesmo dirá Locke ao referir-se às noções abstratas da ética, como as ideias de justiça, de paz ou de liberdade. No seu entendimento, essas são palavras que todos nós usamos,

---

[83] Hobbes, *Leviatã*, I, IV. [Na tradução do livro *Leviatã ou Matéria, Forma e Poder de um Estado Eclesiástico e Civil*, de Thomas Hobbes, da Imprensa Nacional-Casa da Moeda, 2.ª edição, 1999, da autoria de João Paulo Monteiro e Maria Beatriz Nizza da Silva, prefácio e revisão geral de João Paulo Monteiro, cap. IV, p. 50, pode ler-se a seguinte tradução, que não adotámos: «Os nomes daquelas coisas que nos afectam, isto é, que nos agradam e desagradam, porque todos os homens não são igualmente afectados pelas mesmas coisas, nem o mesmo homem em todos os momentos». [N. do T.]]

164| ELOGIO DA DÚVIDA

mas que cada um de nós entende à sua maneira, porque carecem de uma essência real. Não as conhecemos da mesma forma que conhecemos as perceções simples, como a perceção da cor ou do sabor, que chegam a nós diretamente pelos sentidos. São ideias que formamos a partir de uma abstração, com o propósito de construir uma realidade que não existe, mas que sentimos necessidade de nomear de algum modo. Por isso, estas palavras «raramente significam o mesmo para dois homens diferentes, pois raras vezes a ideia de um homem coincide com a dos outros. E frequentemente difere mesmo da sua própria ideia, da que teve ontem ou da que terá amanhã».[84] Em suma, a justiça, a paz, a liberdade, a democracia, são palavras com significados sempre difusos e pouco definidos.

Já para não falar de Nietzsche, para quem tudo quanto dizemos é arbitrário e ilusório. Quando nos referimos às árvores, às cores, às flores, usamos uma linguagem metafórica. As árvores, as flores e as cores são conceitos abstratos que se propõem igualar aquilo que é desigual. Cada árvore é única, como o é cada flor. Não sabemos o que é a honestidade a não ser a partir de ações individualizadas, desiguais entre si, que grosseiramente igualamos ao dizermos que são «honestas». Não conhecemos uma essência

---

[84] LOCKE, *Ensaio Sobre o Entendimento Humano*, III, VII, 6. Em LOCKE, John, *Ensaio sobre o Entendimento Humano*, Lisboa, Fundação Calouste Gulbenkian, 2014, 5.ª edição, Volume II, livro III, cap. IX — «Da imperfeição das palavras», 6., p. 652 (introdução, notas e coordenação da tradução de Eduardo Abranches de Soveral. Revisão da tradução de Gualter Cunha e Ana Luísa Amaral), pode ser encontrada a seguinte tradução deste trecho: «raramente têm a mesma significação precisa no espírito de dois homens diferentes; porque a ideia complexa de um homem raras vezes concorda com a de outro, e muitas vezes difere da que ele próprio têm, aquela que ele tinha ontem ou que terá amanhã». [N. do T.]

da honestidade, da justiça ou da amizade. Salvo a verdade entendida como tautologia, a que afirma que um indivíduo é igual a si mesmo, o resto das verdades são puras ilusões. Vejamos como Nietzsche o coloca:

> «O que é então a verdade? Uma multidão movente de metáforas, de metonímias, de antropomorfismos, em resumo, um conjunto de relações humanas poeticamente e retoricamente erguidas, transpostas, enfeitadas, e que depois de um longo uso, parecem a um povo firmes, canónicas, e constrangedoras: as verdades são ilusões que nós esquecemos que o são, metáforas que foram usadas e que perderam a sua força sensível, moedas que perderam o seu cunho e que a partir de então entram em consideração, já não como moeda, mas apenas como metal.»[85]

Por conseguinte, nenhum modo de viver é «natural» ou «normal». É-o apenas na medida em que deriva de convenções que poderiam ser diferentes das que são. «Tudo o que é poderia ser de outra maneira», é uma das frases lapidares do *Tractatus*, de Wittgenstein, que alerta para a artificialidade da linguagem que supostamente dá nome ao que há. Ou esta outra: «Muitas vezes, a linguagem vai de férias», na qual se alude ao hábito, particularmente filosófico, de utilizar a linguagem eludindo as regras do jogo ou jogos em que se insere, graças às quais possui um significado discernível.

A iniciação à filosofia apoiou-se sempre numa série de afirmações um tanto ou quanto gratuitas. Costuma

---

[85] NIETZSCHE, Friedrich, *O Livro do Filósofo*, «Introdução teorética sobre a verdade e a mentira em sentido extramoral», Porto, Rés Editora, 19–, p. 94. Tradução de Ana Lobo. Introdução de Rosa Maria Branco.

166| ELOGIO DA DÚVIDA

dizer-se que o que leva o homem a filosofar é «o desejo de saber» e o espanto diante do desconhecido. Começa-se a filosofar quando se abandona o mito para passar ao *logos*. Em vez de explicar a realidade a partir de relatos e contos, chega uma altura em que o pensamento começa a abastecer-se a si mesmo de forma a dar as explicações pertinentes. É assim que aparecem as grandes frases da filosofia e se vai construindo o pensamento metafísico, esse mesmo que, segundo Aristóteles, estuda nada mais nada menos que «o ser enquanto ser». A filosofia principia então a acumular títulos tremebundos que apontam para uma desmesurada ambição: *Dialética Transcendental, Crítica da Razão Pura, Fenomenologia do Espírito, Ser e Tempo.* Desta forma vai-se tecendo um discurso que, como muito bem viu George Steiner, se propõe «esconder as "ficções supremas" que traz no seu interior». Sem muitos dos mitos e dos contos, sem literatura, não teríamos filosofia. Não teríamos a *Fenomenologia do Espírito* sem Shakespeare, Cervantes e Defoe.

Citei já num outro capítulo o livro de George Steiner, *Nostalgia do Absoluto*[86], onde o autor desenvolve a ideia de que o pensamento filosófico nunca deixou de ser mítico. Explica como a metáfora do pecado original está presente na ideia de alienação de Marx ou na do mal-estar na civilização, de Freud. Pensa também que se esconde por detrás da tese de Lévi-Strauss sobre a devastação do Paraíso pelo domínio predador da cultura sobre a natureza. São três «mitologias», três «construções visionárias», que não teriam sido produzidas sem os textos bíblicos que nos falam do

---

[86] STEINER, George, *Nostalgia do Absoluto*, Lisboa, Relógio D'Água, 2003. Tradução de José Gabriel Flores.

A FILOSOFIA COMO FICÇÃO |167

poder da palavra ou do sentido da aliança com a natureza. São mitologias que pretenderam substituir a teologia. Não obstante, aqueles que as urdiram não estavam conscientes disso: Descartes, Hegel, Freud partem do princípio de que a sintaxe está relacionada com a realidade, que a linguagem que falamos é um reflexo do mundo.

A ideia de que o pensamento mítico tem acompanhado a filosofia desde sempre é exposta com originalidade por Juan Nuño em *Los mitos filosóficos*. Embora seja um lugar-comum afirmar que, após Platão, a filosofia renunciou ao mito, Nuño alega e prova que ela nunca conseguiu desembaraçar-se de pretensões míticas. O próprio nome «filosofia», traduzido por «amor à sabedoria», remonta a Pitágoras e explica-se pela crença de que só a divindade é propriamente sábia. A filosofia tem de ser vista, consequentemente, como uma disciplina intermédia, que nunca atingirá a perfeição. Na Idade Média, foi *ancilla teologia*. É o mito da servidão, retomado no nosso tempo por todas as filosofias «de» algo: da linguagem, da História, da ciência, da arte. Parménides introduziu no seu célebre Poema[87] a ideia dos limites e das fronteiras do saber seguro, um mito que reaparece em Bacon, Kant, Wittgenstein e Popper. E que mito mais característico da filosofia do que o do «eterno retorno», de Nietzsche? A filosofia como um saber que retorna com constante periodicidade. A filosofia — essa é a tese de Nuño — tem vindo a repetir uma série de esquemas ou de mitos poderosos: mitos da salvação, mitos da revelação, mitos da totalidade, mitos da fronteira, mitos

---

[87] Referência à única obra que se conhece de Parménides, *Sobre a Natureza*, um poema «épico didático», escrito em hexâmetros, e onde o autor expõe as grandes linhas do seu pensamento. [N. do T.]

168| ELOGIO DA DÚVIDA

da transformação.[88] Filósofos como Kierkegaard procuraram a salvação, que não se encontra na ciência, através da entrega a uma antropologia espiritualista e narcisista. Houve filosofias do mistério ou da revelação que se viram a si mesmas como a posse de um saber superior a que só uns poucos iniciados teriam acesso. Platão, Espinosa, Descartes, Husserl pertencem a essa espécie. Outras cultivaram o mito da totalidade: «a verdade é a totalidade», são palavras de Hegel. E houve filosofias que estabeleceram limites e fronteiras, como Kant, que elimina o eu empírico ante a força de um eu transcendental, ou Wittgenstein, que conclui o *Tractatus* com a demolidora frase: «Do que não se pode falar, há que guardar silêncio.»

Mas concluamos. Entender que toda a filosofia não é senão ficção, conduz a quê? Não é a forma habitual de entender a filosofia. O ensaio filosófico é geralmente classificado como um livro de «não-ficção». Mas porque foi sempre entendido desse modo? Porque tem de ser não-ficção a concatenação de ideias, a invenção de conceitos e de teorias, as tentativas de explicação que nunca podem ser comprovadas? Não há em tal consideração da filosofia um desejo de a equiparar às ciências empíricas? Além do absurdo de tal equiparação, porque não pensar que a única coisa que faz da filosofia um projeto fértil, neste mundo carregado de perguntas e de problemas a que ninguém presta atenção, é chamar a atenção sobre eles, introduzindo dúvidas, perplexidades, incertezas?

Exercitar a dúvida ou exercitar o ceticismo tem sido um empenho ancestral da filosofia, como caminho para uma

---

[88] NUÑO, Juan, *Los mitos filosóficos*, México, Fondo de Cultura Económica, 1985; e Barcelona, Reverso, 2006.

almejada verdade, para alguns, como Descartes, ou para permanecermos na mesma dúvida, como mais uma maneira de promover o autoconhecimento e agitar as consciências, como foi o caso de Montaigne. Da filosofia há que poder dizer o que disse, por exemplo, Juan Goytisolo da literatura: que «é o território da dúvida», ou Gustavo Martín Garzo a respeito de qualquer bom livro: que «sempre nos deixa perplexos».

Mas que a nossa forma de nos referirmos à realidade se nutra de ficções e que o nosso subsolo seja o da dúvida, porque o conhecimento é limitado, não obsta a que as ficções se vão constituindo a si mesmas em certas «verdades» desse mundo que nos envolve e que é pura criação humana. Porque não é o eu individual que finge o que há ou deve haver, mas, sim, um eu coletivo que se apoia no que foi transmitido e ficcionado por outros. Desde que o pensamento começou a secularizar-se e a abandonar os preconceitos religiosos que tem vindo a impor-se a convicção de que somos sujeitos criadores de um mundo social, político e cultural, e não as criaturas desse mundo. Temos vindo a forjar uma maneira de conhecer, de pensar e de ser que se expressa de muitas maneiras porque se alimenta de perspetivas diversas. Ainda assim, essa construção social e convencional aponta para uma realidade em que o ser humano possa sentir-se como em sua casa, cada vez mais confortável. Leibniz, na sua *Monadologia*, alude à existência de um número infinito de pontos de vista, mas que se harmonizam conjuntamente. Diferentes perspetivas são complementares, não são enganos, ainda que algumas sejam erradas:

> «E como uma mesma cidade olhada de diferentes lados parece completamente diferente e é como que multiplicada em perspetiva; acontece igualmente que através

170| ELOGIO DA DÚVIDA

da multidão infinita das substâncias simples, há como que outros tantos universos, que não são, todavia, senão as diferentes perspetivas de um único segundo os diferentes pontos de vista de cada Mónada.»[89]

Reconhecer o carácter fictício das nossas representações, e do discurso que as sustenta, evidencia a tensão do conhecimento humano entre aquilo que se supõe constituir a realidade e uma verdade ou uma legitimidade ainda não alcançadas. Essa verdade também é construção humana — que outra coisa poderia ser? —, mas conta a seu favor com algum reconhecimento universal. Diante da tensão, temos duas possibilidades: instalarmo-nos no ceticismo pós-moderno, ou continuarmos a lutar na linha inaugurada pelo Iluminismo, ou pelos vários Iluminismos pelos quais passou o pensamento filosófico, como o único caminho rumo à emancipação e ao encontro com essas verdades ainda toscamente formuladas. O progresso em filosofia é um progresso rumo à universalidade, não a instalação num mundo de relatividades. Que esse progresso se tenha alimentado de mitos e de ficções é irrelevante, desde que não queiramos interpretá-los como aquilo que não podem ser: preconceitos dogmáticos. Que o caminho para a verdade, ou para a legitimidade das nossas valorações, seja árduo e sofra retrocessos, também não deveria ser motivo de paralisia. Atentemos ao que Kant escreve num de seus últimos textos, a *Antropologia*:

«Regra geral, quanto mais civilizados, mais farsantes os homens são. O homem toma a aparência da eticidade, mas

---

[89] LEIBNIZ, G. W., *Monadologia*, Lisboa, Edições Colibri, 2016, 57. pp. 54–55. Tradução e apresentação de Adelino Cardoso.

lá no fundo engana-nos com essa aparência. Seja como for, deixemos que desempenhe esse papel, porque, em última análise, ao terem de dizer que há que sermos bons e justos, estão a aceitar algo que, ainda que não o pratiquem, é muito bom que seja dito, porque a linguagem desperta.»[90]

Essa linguagem, povoada de abstrações, com significados incertos e variáveis, deixou-nos, no entanto, algumas verdades cuja ausência implicaria que o mundo fosse menos civilizado do que é: há alguns direitos fundamentais, os homens e as mulheres, os Asiáticos e os Africanos têm a mesma dignidade, a liberdade de expressão não pode ser considerada um crime. Renunciar a tais ideias é renunciar ao ideal de emancipação. Voltaire soube expressá-lo com fina ironia ao dizer que há uma base comum que nos constitui como seres humanos e que deveríamos saber cultivar, ainda que não saibamos com toda a certeza qual a melhor maneira de o fazer:

«Quando a natureza criou a nossa espécie, dotou-a de certos instintos: o amor próprio para a nossa preservação, a benevolência para a preservação dos outros, o amor que é comum a todas as espécies e o inexplicável dom de combinar mais ideias do que os restantes animais. Depois de nos atribuir a nossa parte, disse "agora, fazei o que puderdes".»[91]

---

[90] Citado em LLEDÓ, Emilio e CRUZ, Manuel, *Pensar es conversar*, Barcelona, RBA, 2015, p. 99.

[91] Citado por PAGDEN, Anthony, *The Enlightenment: And Why It Still Matters*, Nova Iorque, Random House, 2013, *e-book*, loc. 2222.

10

O DECLÍNIO DO ENSAIO

Os livros de ensaio são classificados como literatura de «não-ficção», um saco onde cabe tudo o que se escreve em prosa e que não tem o enredo de um romance nem é poesia. Basta ler a lista de livros mais vendidos de não-ficção de qualquer jornal para nos darmos conta da absoluta ausência de critério relativamente ao que significa escrever «ensaisticamente», como quis fazer Montaigne, o inventor do vocábulo. Os livros de autoajuda, ou os livros de culinária, que estão hoje entre os mais vendidos na não-ficção, encontram-se nos antípodas do que deveria ser considerado um ensaio, que é aquilo que está o mais longe possível da vontade de dar lições, de pressupor que não há problemas sem solução e que a solução se encontra numa receita.

Nunca foi fácil determinar, já nem digo definir, o que é um ensaio. «A teoria sem a prova explícita», propôs Ortega. «Não há ensaios, mas ensaístas», escreveu Juan Marichal. «O centauro dos géneros», chamou-lhe Alfonso Reyes, porque num ensaio «há de tudo e cabe tudo», é «o filho caprichoso de uma cultura que já não pode dar resposta ao universo circular e fechado dos antigos, mas, sim, à curva aberta, ao processo em curso, ao *et cetera*». A imagem do centauro expressa bem a natureza composta do género, um território mutável onde se conciliam a ciência e a arte, a razão e a emoção, o arco aberto à novidade, pronto a congregar o rigor dos conceitos com o voo das intuições.

176| ELOGIO DA DÚVIDA

Possamos ou não defini-lo com rigor, aquilo que caracteriza e que torna interessante o ensaio é o carácter subjetivo do discurso, o facto de que o centro de atenção e o lugar de onde flui o pensamento que se expressa no ensaio seja o eu. Não um eu absoluto ou transcendental, como o kantiano, mas o eu de cada um, o eu empírico. *Je suis moi même la matière de mon livre*, proclama Montaigne. Além do facto do texto ensaístico ter uma forma fragmentária, concisa, de onde está ausente a erudição, além de evitar a estratificação escolástica do saber e de não pretender ser exaustivo, o que faz do ensaio uma maneira apelativa e acessível de fazer filosofia é que o autor, ao falar do que quer falar, se retrata a si mesmo.

E nesse retrato não se escamoteia a sensação de que é mais o que se ignora do que o que se sabe: *Que sais-je?* Montaigne fala do que quer que seja, sem atender demasiado à ordem, desdenha o sistema, usa a sua experiência para se fazer perguntas sobre si mesmo e sobre as questões que preocupam os seus contemporâneos. Raramente oferece uma explicação, não pretende ensinar nada. Os *Ensaios* não defendem grandes teses nem se detêm em muitas argumentações. Ele detém-se no relato dos costumes mais distantes e variados, mas não para extrair lições. Montaigne não está interessado em dilemas morais, mas na vida real das pessoas. E em seguir a corrente da consciência que nem sempre tem alguma coisa a que se agarrar: Se a minha alma conseguisse, por fim, um apoio firme, não escreveria mais ensaios, mas passaria a tomar decisões, mas ela estará sempre submetida à aprendizagem e à prova.»[92] Sarah Bakewell resumiu-o muito bem: a questão

---

[92] MONTAIGNE, *Ensaios*, III, II.

fundamental dos *Ensaios* é: como viver? Que «não é a mesma coisa que a questão ética: como deveríamos nós viver?»[93]

Essa visão do ensaio converte-o no género mais adequado para exercitar a dúvida e o ceticismo que, como tenho vindo a dizer, é a tarefa do filósofo. Um exercício de difícil adesão, porque o que queremos é sentir-nos a salvo de incertezas e inseguranças. Qualquer tentativa de aplacar as dúvidas e as perplexidades da condição humana tem hoje melhor acolhimento do que o exercício da dúvida. Assim, pese embora a religião tenha vindo a perder força como instrumento de salvação, não param de proliferar sucedâneos e formas alternativas de práticas religiosas. É difícil elaborar discursos genuinamente laicos, que obriguem o indivíduo a encontrar por si só o fio que o tire do labirinto das suas dúvidas. É difícil quando as dúvidas nem sequer chegam a colocar-se.

Montaigne não se esquivava às contradições internas. Como não o fez Shakespeare, seu contemporâneo, ainda que este, ao invés de as guardar no seu interior, as projetasse nas personagens que punha em conflito sobre o palco.[94] Montaigne bebe dos céticos gregos e latinos, que fizeram da filosofia uma espécie de terapia destinada a tudo relativizar. Na vida de cada um — diziam —, há factos evitáveis e factos inevitáveis. Dos segundos, os melhores exemplos são as enfermidades, o envelhecimento e a morte. São inevitáveis, razão pela qual não nos resta outro remédio senão aceitá-los com uma certa resignação e boa disposição. Cultivar o sentido de humor, porque há muito

---

[93] BAKEWELL, Sarah, *op. cit.*
[94] BAKEWELL, Sarah, *op. cit.*, p. 341.

178| ELOGIO DA DÚVIDA

poucas coisas na vida que mereçam ser levadas a sério. Praticar o ensinamento do mestre Pirro: a *epoché*, a abstenção da necessidade de querer ter uma resposta e um sentido para cada coisa. Se o inevitável carece de respostas convincentes, o evitável, por sua vez, deveria obrigar o indivíduo a encontrar formas de não cair em preocupações estéreis. O fundamental é acumular riqueza e honrarias? A felicidade está nos bens materiais? Não há saída para os desenganos do amor? Ganhamos alguma coisa com os acessos de fúria? Quantas verdades não admitem discussão? Estoicos e epicuristas pregaram a ataraxia, uma espécie de insensibilidade para com aquilo que não merece demasiadas preocupações.

Não se trata de nos enredarmos em dúvidas intermináveis, mas, antes, de relaxarmos e nos divertirmos um pouco, adotando posições impopulares. Uma filosofia de vida sem pretensões, porque não somos assim tão sábios para podermos tê-las. Como diz Montaigne: «Ainda que tudo aquilo que nos chegou registado do passado fosse verdadeiro e do conhecimento de alguém, seria menos do que nada comparado com o que nos é desconhecido.» A filosofia, o conhecimento, provêm de pessoas que se equivocam. A sabedoria consiste em duvidar daquilo que acreditamos saber. Descartes, que deriva de Montaigne, ergue a dúvida a método filosófico. Mas, ao contrário do seu antecessor, deseja intensamente a certeza e está confiante em que a encontrará. Montaigne, pelo contrário, vive bem com a incerteza. Não elude a imperfeição, antes a celebra, porque somos todos humanos, não há ninguém acima da humanidade. «Não tem sentido — escreve no final dos *Ensaios* — que subamos para umas andas, porque, ainda que nos apoiemos sobre andas, temos de andar com as nossas próprias pernas. E até no trono mais elevado do mundo temos de nos sentar sobre o nosso próprio cu.»[95]

A forma ensaística, por outro lado, permite com muito mais facilidade do que o tratado filosófico dar rédea solta à liberdade de espírito, soltar as amarras e as constrições que impõem a burocracia ou a academia. Theodor Adorno, no artigo intitulado «O ensaio como forma», discorre sobre essa isenção relativamente aos preceitos e às limitações que o ensaio tem. Livre dos constrangimentos da produção científica e da criação artística, o ensaio «reflete o ócio da infantilidade, que se inflama sem escrúpulos naquilo que outros já fizeram [...] Não começa por Adão e Eva, mas por aquilo de que quer falar; diz o que a esse propósito lhe ocorre dizer, termina quando ele próprio sente que chegou ao fim, e não quando já não há nada para dizer: por isso situa-se entre as "di-versões".»[96] Essa liberdade faz do ensaio «a forma crítica por excelência», e «uma provocação ao ideal da *clara et distincta perceptio* e da certeza livre de dúvida». Tanto o racionalismo como o empirismo filosóficos se apoiam no «método», o procedimento que sustenta os discursos que pretendem ser rigorosos e objetivos. Pois bem, o ensaio questiona o método como o pilar em que deve fundamentar-se qualquer teoria. O ensaio carece de método, é descontínuo, como a própria realidade:

> «A dúvida sobre o direito absoluto do método quase nunca se realizou no modo de proceder do pensamento, a não ser no ensaio. O ensaio tem em conta a consciência

---

[95] *Ibid.*, III, 13.

[96] Adorno, Theodor W., «El ensayo como forma», em *Notas de literatura*, Barcelona, Ariel, 1962, p. 12.

180| ELOGIO DA DÚVIDA

de "não-identidade", ainda que nem sequer a expresse; é radical no "não-radicalismo", na abstenção de reduzir tudo a um princípio, na acentuação do parcial em relação ao total, no seu carácter fragmentário.»[97]

Por conseguinte, há que referir também — continua Adorno —, que «a mais inerente lei formal do ensaio é a heresia», a contraposição à ortodoxia.

É simultaneamente a forma ensaística aquilo que leva, em muitas ocasiões, a que o ensaio tenha um carácter dialogal. Não é, pois, de estranhar, e pela razão invocada, que tenha sido através do diálogo que se expressou Platão. Lukács assinala-o ao associar o diálogo e o ensaio, considerando, por esse motivo, que Platão, ao utilizar essa forma literária para falar do seu mestre, Sócrates, que teve uma «vida ensaística», é «um dos maiores ensaístas.[98] Nos diálogos platónicos ninguém detém a verdade absoluta (ainda que também, há que o dizer, quem saia triunfante seja sempre Sócrates), nenhuma discussão chega a um termo, todas as opiniões ficam aprazadas para posteriores diálogos. Não se ocultam as parcialidades dos diferentes pontos de vista, porque todos são matéria de opinião.

O âmbito da *doxa*, da opinião, é o que é próprio do discurso filosófico, seja este político, ético, estético ou até mesmo epistemológico. Javier Echevarría explicou que «os três livros do mundo» são: a Bíblia, para os teólogos; a natureza, para os empiristas; a própria alma, para os

---

[97] *Ibid.*, p. 19.

[98] LUKÁCS, G., «Sobre la esencia y forma del ensayo» em *El alma y las formas*, Barcelona, Grijalbo, 1975. Cf. Ana Vian Herrero, «La más íntima ley formal del ensayo es la herejía». Sobre a sua condição dialógica, em *Compás de Letras. El ensayo*, n.º 5, dezembro 1994, pp. 45–66.

racionalistas. A partir da modernidade e da instauração de um pensamento que se propõe ser, acima de tudo, racional, que já não se investiga nem a natureza nem a alma, mas, antes, a faculdade de conhecer, sendo a filosofia basicamente teoria do conhecimento. Ainda assim, os filósofos continuam a escrever ensaios, a partir de uma disposição para o ócio e para o prazer, como o demonstra, por exemplo, o prólogo do *Ensaio sobre o Entendimento Humano*, de Locke:

> «Leitor. Deposito nas vossas mãos aquele que tem sido o entretenimento de algumas das minhas horas de ócio. Se tiver a sorte de o livro entreter outras quantas horas vossas, e se, ao lê-lo, obtiverdes nem que seja metade do prazer que senti ao escrevê-lo, dareis por bem empregado o vosso dinheiro como eu os meus desvelos.»[99]

O ensaio filosófico — diz Javier Echevarría — requer uma atitude: o livre pensamento. É o que anima os iluministas do século XVIII, que expressam os seus pensamentos exortando aqueles que os leem a pensarem por si mesmos. «O ensaio é um convite ao leitor a encontrar-se consigo mesmo», refletindo sobre o entendimento humano, como

---

[99] No livro de LOCKE, John, *Ensaio sobre o Entendimento Humano*, Lisboa, Fundação Calouste Gulbenkian, 2014, 5.ª edição, Volume I, Carta ao leitor, p. 5 (introdução, notas e coordenação da tradução de Eduardo Abranches de Soveral. Revisão da tradução de Gualter Cunha e Ana Luísa Amaral), pode ler-se a seguinte tradução: «Carta ao leitor. Deposito nas vossas mãos o que foi o entretenimento de algumas das minhas horas de ócio. Se tiver a sorte de o livro vos distrair e de experimentardes, ao lê-lo, metade do prazer que senti quando o fiz, não lamentarei mais o vosso dinheiro do que lamento os meus trabalhos.»

182| ELOGIO DA DÚVIDA

é o caso de Locke, ou sobre qualquer outro tema ou questão por leviana que pareça.[100]

Ainda que o ensaio possa ter uma função puramente meditativa, que o aproxima da poesia na medida em que se deixa levar pela própria escrita mais do que por temas concretos, há também um ensaio que procura persuadir, constituindo-se, efetivamente, como a «teoria sem prova», mas ao fim e ao cabo apenas teoria, um ponto de vista sobre a realidade. Pode dizer-se que tenta persuadir na medida em que nos convida a pensar por conta própria, a julgarmos por nós mesmos. Mas incitar a pensar não equivale a persuadir a respeito de qualquer tese que esperamos ver compartilhada. Pelo contrário, ao movermo-nos no terreno da opinião e ao deixar claro que assim é, a única coisa que esperamos é que as consciências rígidas e os pensamentos esclerosados sejam removidos. Cynthia Ozick escreve que «um ensaio genuíno não tem um uso educativo, polémico ou sociopolítico; é o movimento de uma mente livre em ação».[101] É «uma experiência», não um credo que aspira a ser partilhado com o leitor. Mas o facto de não ser doutrinário não significa que o ensaio não seja capaz de provocar concordância. Phillip Lopate equipara o ensaio ao sermão entendido como uma pergunta que o crente fez a si mesmo relativamente à sua fé. O pregador pega num texto bíblico, interpreta-o e explica-o, tenta compreendê-lo a partir da sua vivência de crente. Laurence Sterne pode ser um bom exemplo: era sacerdote e ganhava a vida a fazer sermões.[102]

---

[100] ECHEVARRÍA, Javier, «Los ensayadores científicos y los cuatro libros del siglo XVII», em Compás de Letras, *op. cit.*, pp. 163–174.

[101] OZICK, Cynthia, «She: Portrait of the Essay as a Warm Body», em *Quarrel & Quandary*, Nova Iorque, Vintage Books, 2001.

[102] Entrevista a Phillip Lopate, *Letras Libres*, n.º 164, Edición España, maio de 2015, pp. 20–25.

No entanto, e apesar de todas as possibilidades que o «ensaiar» oferece a uma forma de pensar que se adequa ao nosso tempo, um género que carece da ambição de sistema do tratado filosófico e que se preocupa mais com o seu estilo, só pode ser um género mal aceite pela filosofia mais canónica. Viveu-o em primeira mão o nosso ensaísta e filósofo por excelência, Ortega y Gasset, ante cuja obra surgiu sempre a questão de se seria realmente um filósofo. O que havia para valorizar em Ortega? As ideias filosóficas ou a qualidade da sua prosa? Era ele um catedrático de metafísica ou antes um jornalista ilustre com intenções pedagógicas? O estilo solto de Ortega era desdenhado por ser frívolo e falho de rigor. Era elogiado unicamente por escritores como Josep Pla, que via nele *un violoncel de bona fusta, molt ben ajustat, explicitament ben tocat*.[103] Não, Ortega era, acima de tudo, um ensaísta, não um metafísico, nem um ontologista, nem um epistemólogo.

Não obstante, Ortega soube escrever melhor do que muitos outros, «a partir da filosofia», a partir da sua circunstância, a partir da convicção feliz: «Eu sou eu e a minha circunstância, e, se não a supero, não me supero a mim.» Com esta célebre afirmação ele estava a dizer que as verdades filosóficas devem ser vistas a partir da circunstância em que cada um de nós se encontra e pensa. O conhecido perspetivismo orteguiano é a antítese da filosofia transcendental, que parte, como se encarregou de explicitar Kant, do *nobis ipsis silemus* prescrito por Bacon de Verulam. Ao invés de «calarmo-nos em relação a nós próprios», o que devemos fazer é sublinhar as circunstâncias,

---

[103] «Um violoncelo de boa madeira, muito bem afinado, e claramente bem tocado.» [N. do T.]

184| ELOGIO DA DÚVIDA

porque não é a mesma coisa gerir um assunto a partir de Madrid ou a partir de Boston.[104]

Na pós-modernidade, que Ortega nem imaginou, o ensaio é mais aceite. Montaigne é repensado e revalorizado como filósofo, porque a própria filosofia tem limites menos precisos. Basta ser capaz de fazer um diagnóstico da realidade com um conceito que se revele afortunado — *pensiero debole*[105], mundo líquido[106], sociedade de risco[107] — para receber o beneplácito como ilustre pensador do nosso tempo.

Por outro lado, e uma vez que o género ensaístico é a forma mais adequada para expressar a perplexidade de quem escreve, para exercitar a dúvida e oferecer visões bastante pessimistas sobre o presente e o futuro, estamos perante um género que não encaixa numa época apreciadora de literatura rápida e ligeira, que entretenha e que não obrigue a pensar demasiado. Uma época pragmática que procura receitas, sejam elas de cozinha — a cultura de maior sucesso — ou das proporcionadas pelos livros de autoajuda. As editoras não hesitam em promover coleções «filosóficas» fáceis de vender, um produto simples e óbvio que dê pistas para abordar problemas prementes: «Como enfrentar a adversidade», «Como estar só», «Como preocupar-se menos com o dinheiro».

O predomínio da imagem e do som sobre a palavra estarão também, de alguma forma, relacionados com o

---

[104] Rossi, Alejandro, «Lenguaje y filosofía en Ortega», em Alejandro Rossi, Fernando Salmerón, Luis Villoro, Ramon Xirau, *José Ortega y Gasset*, México, Fondo de Cultura Económica, 1984.

[105] Conceito atribuído aos filósofos italianos Gianni Vattimo e Pier Aldo Rovatti. [N. do T.]

[106] Conceito introduzido na filosofia por Zygmunt Bauman. [N. do T.]

[107] Conceito da autoria do sociólogo alemão Ulrich Beck. [N. do T.]

declínio do ensaio. Steiner refere-se ao que aconteceu com a cultura no último século como sendo consequência do «recuo da palavra», pela subordinação desta à imagem, à música, a um mundo onde já não é concebível estudar (se é que podemos continuar a usar o mesmo vocábulo) a não ser no meio de estridências e ruídos. Mario Vargas Llosa explicou-o muito bem, no seu *A Civilização do Espetáculo*[108], e disse-o igualmente Giovanni Sartori no seu imprescindível *Homo videns*. O denominador cultural compõe-se hoje de filmes, jogos de vídeo, *tablets*, concertos de *rock*... Não há lugar para uma cultura que não seja pensada para ser consumida e desaparecer.

Assim é difícil propor aquilo que deveria ser a tarefa cultural por excelência, a de construir um individualismo autêntico, resistente aos estragos e às influências da publicidade, da propaganda política, das modas. Um indivíduo independente capaz de *sapere aude*, de se atrever a pensar por si mesmo.

---

[108] VARGAS LLOSA, Mario, *A Civilização do Espetáculo*, Reimp. Lisboa, Quetzal, 2015. Tradução de Cristina Rodriguez e Artur Guerra.